本书受国家自然科学基金项目"农户参与农业利贫价值链的生计资产门槛研究"(71803106)、教育部人文社会科学研究一般项目"国家重点生态功能区农户生计能力测度及精准扶贫政策研究"(16YJCZH131)、山西省软科学研究重点项目"山西省脱贫攻坚典型案例和模式研究"(2019042002-4)资助

国家重点生态功能区农户生计能力测度及扶贫政策研究

薛曜祖 著

Study on the Measurement of Rural
Livelihood Ability and Poverty Reduction Policy in
National Key Ecological Function Zones

中国社会科学出版社

图书在版编目（CIP）数据

国家重点生态功能区农户生计能力测度及扶贫政策研究 / 薛曜祖著 . —北京：中国社会科学出版社，2020.12
ISBN 978 - 7 - 5203 - 7712 - 6

Ⅰ. ①国… Ⅱ. ①薛… Ⅲ. ①生态区—农户经济—研究—中国 Ⅳ. ①F325.1

中国版本图书馆 CIP 数据核字（2020）第 264344 号

出 版 人	赵剑英	
责任编辑	谢欣露	
责任校对	周晓东	
责任印制	王　超	
出　　版	中国社会科学出版社	
社　　址	北京鼓楼西大街甲 158 号	
邮　　编	100720	
网　　址	http：//www.csspw.cn	
发 行 部	010 - 84083685	
门 市 部	010 - 84029450	
经　　销	新华书店及其他书店	
印　　刷	北京明恒达印务有限公司	
装　　订	廊坊市广阳区广增装订厂	
版　　次	2020 年 12 月第 1 版	
印　　次	2020 年 12 月第 1 次印刷	
开　　本	710×1000　1/16	
印　　张	12.25	
插　　页	2	
字　　数	183 千字	
定　　价	68.00 元	

凡购买中国社会科学出版社图书，如有质量问题请与本社营销中心联系调换
电话：010 - 84083683
版权所有　侵权必究

前　言

人类是命运共同体，保护生态环境是全球面临的共同挑战和责任。在二十国集团工商峰会开幕式上，习近平主席指出："绿水青山就是金山银山，保护环境就是保护生产力，改善环境就是发展生产力。"① 随后党的十九大报告正式提出，要成为生态文明建设的重要参与者、贡献者、引领者。"绿水青山就是金山银山"（"两山论"）提出后，在国际社会产生了广泛影响与共鸣，为建设人类命运共同体做出了独特贡献。习近平总书记的重要论述和党的十九大报告都为全面建成小康社会找到了一条生态文明理念和脱贫攻坚相得益彰的新道路，既为生态文明建设赋予新时代、新使命和新担当，也为坚决打赢脱贫攻坚战注入生态文明的新理念。

从"两山论"的贵州、云南、青海等地的实践来看，持续探索坚持生态保护与扶贫开发并重的经验，加大贫困地区生态保护和修复力度，要通过实施生态补偿、增加转移支付等方式，不断改善区域生态环境质量，最重要的是将保护生态环境落实在发展方式和生活方式上。尤其是在生态环境脆弱性地区，国家划定了国家自然保护区，2007年颁布的《国家重点生态功能区规划纲要》将重点生态功能区确定为限制开发区域，并上升为我国国土空间开发的战略性、基础性和约束性规划。然而，严格的生态环境保护政策和约束性产业发展政策，是否会对生态功能区的农户生计造成冲击，使农户选择非可持续生计方式？这需要科学的农户生计可持续性评估方法以评价其传统生

---

① 中共中央文献研究室：《习近平关于全面建成小康社会论述摘编》，中央文献出版社2016年版。

计方式是否受到限制或发生改变,甚至是失去原有生产、生活的物质条件,并在此基础上制定相关政策,引导农户采取可持续生计方式,避免其沦为新兴的社会弱势群体或政策性贫困人口。

本书以生态环境保护、农户持续受益机制形成与国家精准扶贫政策实施为大背景,结合我国国家重点生态功能区划定以来政策约束机制及对生态环境保护的严格要求,关注当地农户可持续生计能力的变化状况。通过对我国划定的国家重点生态功能区抽样并进行实地调研、访谈座谈、资料收集和数据分析等方式,定量分析国家重点生态功能区建设对农户生计的影响,包括限制性政策和补偿性政策的双影响,以及外界环境和政策限制下农户生计资本变化情况;从经济发展、社会环境和生态安全三个方面构建农户可持续生计指标体系,并进行综合指数计算,从而对选定区域内农户生计可持续性进行测度,据此确定扶贫识别并有针对性地开展脱贫效果评估。精准扶贫的关键在于建立并运用更加科学、更有效率的方法进行扶贫瞄准,有针对性地开展精准扶贫效果评估和政策设计,进而提升减贫成效。同时,农户生计能力与当地生态系统可持续能力提升密切相关,为国家重点生态功能区生态系统可持续发展提供保障。

本书是笔者长期关注农户生计、贫困治理和精准扶贫问题所形成的系列研究成果之一。从2013年起,笔者及所在团队就开始有针对性地对国家重点生态功能区开展跟踪研究,调研行程遍及山西、陕西、甘肃、宁夏、四川、吉林等省份的深度贫困地区,积累了大量的文献资料和调研数据,形成了一系列学术研究成果和调研分析报告,并呈送《智库专报》和《转型决策参考》两份,其中产业/行业减贫和文化减贫的部分成果被联合国开发计划署(United Nations Development Programme)、中国国际扶贫中心(International Poverty Reduction Center in China)和中国农业科学院海外农业研究中心(Center for International Agricultural Research of China)联合出版的著作 *Our Common Coal: International Experience in Poverty Reduction* 和《山西资源型经济转型国家综合配套改革试验区发展报告(2018):贫困治理与民生改善》收录。同时,本书是2016年立项的教育部人文社会科学研究一般项目"国家重点生态功能区农户生计能力测度及精准扶贫政策研究"（16YJCZH131）、2018年立项的国家自然科学基金项目"农户参与农业利贫价值链的生计资产门槛研究"（71803106）、山西省软科学重点项目"科技创新助推精准扶贫的模式及作用研究"（2018004-1）、山西省软科学重点项目"山西脱贫攻坚典型案例和模式研究"（2019042002-4）、山西省高等学校人文社会科学重点研究基地项目"资源型经济转型过程中生态文明体系建设研究"（201801026）、山西省社科联重点项目"山西精准扶贫绩效评价及实证研究"（SSKLZDKT2017035）等的阶段性研究成果，依托这一研究选题，共培养了李佩娟等4名研究生和4名本科生。

科学的减贫效果测度和相对贫困问题仍是研究的重点和难点。掌握农户脱贫的阶段性、长期性过程并开展生计可持续性评估，及时解决返贫人口的问题并建立稳定脱贫的长效机制，将有利于总结和推广成功经验，探索科学的监测评价方法。中国的扶贫经验和将贫困治理提升至治国理政新高度的政府主导扶贫开发模式，将为世界减贫做出积极贡献。

目 录

第一章 引言 ……………………………………………………… 1

第二章 国家重点生态功能区建设及对农户生计的影响 ……… 5

 第一节 国家重点生态功能区建设进程及问题 ………… 6

 第二节 限制性政策及对农户生计的影响……………… 11

 第三节 补偿性政策及对农户生计的影响……………… 13

第三章 农户可持续生计的概念、研究框架与方法 …………… 25

 第一节 农户可持续生计的概念………………………… 25

 第二节 农户可持续生计的研究框架…………………… 27

 第三节 农户可持续生计的研究方法…………………… 32

第四章 农户可持续生计指标体系构建………………………… 36

 第一节 农户可持续生计指标体系构建原则…………… 36

 第二节 研究区域选定及数据获取……………………… 37

 第三节 农户可持续生计指标体系的构建……………… 40

 第四节 农户可持续生计安全指数计算………………… 44

第五章 国家重点生态功能区农户可持续生计安全指数测度 …… 47

 第一节 黄土高原生态功能区农户可持续生计安全指数
     测度 ……………………………………………… 47

 第二节 浑善达克生态功能区农户可持续生计安全指数

　　　　　　　测度 ………………………………………………… 63
　　第三节　甘南黄河生态功能区农户可持续生计安全指数
　　　　　　　测度 ………………………………………………… 74
　　第四节　秦巴生态功能区农户可持续生计安全指数测度 …… 85

第六章　沿黄河流域深度贫困地区农户生计状态指数测度 …… 105
　　第一节　研究区概况 ……………………………………… 105
　　第二节　山西沿黄深度贫困地区农户生计状态指标体系
　　　　　　　构建 ………………………………………………… 108
　　第三节　山西沿黄深度贫困地区农户生计状态指数测度结果
　　　　　　　分析 ………………………………………………… 111
　　第四节　本章小结 ………………………………………… 114

第七章　吕梁山集中连片特困地区绿色减贫效果评估 ……… 117
　　第一节　研究区概况 ……………………………………… 117
　　第二节　吕梁山集中连片特困地区绿色减贫效果评估指标体系
　　　　　　　构建 ………………………………………………… 121
　　第三节　吕梁山集中连片特困地区绿色减贫效果的测度
　　　　　　　方法 ………………………………………………… 125
　　第四节　吕梁山集中连片特困地区绿色减贫效果的测度
　　　　　　　结果 ………………………………………………… 127
　　第五节　吕梁山集中连片特困地区绿色减贫效果空间格局及
　　　　　　　演变 ………………………………………………… 142
　　第六节　本章小结 ………………………………………… 146

第八章　吕梁山集中连片特困地区科技扶贫效果评估 ……… 149
　　第一节　研究区概况 ……………………………………… 149
　　第二节　科技扶贫实施效果评估理论模型的构建 ………… 152
　　第三节　实证研究的数据来源、变量选择及说明 ………… 153
　　第四节　科技扶贫效果测度的结果分析 …………………… 155

第五节　本章小结 …………………………………… 156

第九章　结论与启示 …………………………………… 158

附　录 ……………………………………………………… 167

　　附表1　浑善达克沙漠化防治生态功能区禁止
　　　　　开发区域名录 …………………………… 167

　　附表2　甘南黄河重要水源补给生态功能区禁止
　　　　　开发区域名录 …………………………… 167

　　附表3　秦巴生物多样性生态功能区禁止开发
　　　　　区域名录 ………………………………… 168

　　附表4　国家重点生态功能区样本区域类型与
　　　　　发展方向 ………………………………… 172

　　附表5　国家重点生态功能区样本区域基本
　　　　　状况 ……………………………………… 173

参考文献 …………………………………………………… 175

第一章　引言

生态扶贫是我国着力构建的精准扶贫体系的主要内容之一。国家重点生态功能区的保护事关我国生态安全，是我国生态保护的重要内容。生态功能保护区在涵养水源、保持水土、调蓄洪水、防风固沙、维系生物多样性等方面具有重要作用，因而在我国重要的生态功能区内，有选择地划定一定面积予以重点保护和限制开发建设，对于防止和减轻自然灾害，协调流域及区域生态保护与经济社会发展，保障国家和地方生态安全具有重要意义。

2007年国家环保总局颁布实施《国家重点生态功能区规划纲要》（以下简称《纲要》），标志着我国正式开始国家重点生态功能区的建设工作，其建设目的主要是防止和减轻自然灾害，协调流域及区域生态保护与经济社会发展，保障国家和地方生态安全。我国国家重点生态功能区总面积共386万平方千米，占全国陆地面积的40.2%，涉及人口1.14亿。根据《纲要》，国家重点生态功能保护区属于限制开发区，其主要任务是保护和恢复区域生态功能。在国家重点生态功能区内，要在保护优先的前提下，合理选择发展方向，选择发展特色优势产业，加强生态环境保护和修复，加大生态环境监管力度。在限制开发区内，严格限制高污染、高能耗、高物耗产业的发展；依法淘汰严重污染环境、严重破坏区域生态、严重浪费资源能源的产业；依法关闭破坏资源、污染环境和损害生态系统功能的企业；只可依据当地资源禀赋，发展生态农业、生态林业以及一些生态旅游业。对于能源的需求，当地主要利用清洁能源，如沼气、风能、小水电、太阳能、地热能及其他清洁能源。国家重点生态功能区的建设及其对产业发展和生态环境的严格限制，使世代生活在这一特殊区域并以传统农业为生的农户（家庭）的生产、生活和发展受到诸多影响，是否会降低原本并不富裕的当地农户的可持续生计能力，导致政策性贫困人口数量上升，需要进行深入研究并提出对策。因此，关注国家生态功能区农户的生计状况并科学测度其可持续生计能力，将有利于实现我国生态环境保护、区域生态安全和农户持续受益机制形成的目标，这也是我国精准扶贫项目实施的主要内容。

我国相关部门已关注国家重点生态功能区农户这一社会弱势群体及其可持续生计状况，重视政策性贫困人群生计变化的原因和可持续发展能力的培养。党的十八大报告明确提出建立反映市场供求和资源稀缺程度、体现生态价值与代际补偿的资源有偿使用制度和生态补偿制度。全国人大连续三年将建立生态补偿机制作为重点建议。2009—2019年，财政部颁布了《国家重点生态功能区转移支付（试点）办法》《国家重点生态功能区转移支付办法》《2012年中央对地方国家重点生态功能区转移支付办法》等，通过在均衡性转移支付项下设立国家重点生态功能区转移支付以及生态补偿，旨在对当地农户可持续生计变化产生积极影响，制定了"加强生态环境保护力度，提高国家重点生态功能区所在地政府基本公共服务保障能力"的目标。国家重点生态功能区转移支付按县测算，下达到省，省级财政根据本地实际情况分配落实到各相关市县，其分配去向主要是：与改善民生相关的"标准财政收支缺口"和与保护生态环境相关的"禁止开发区域补助+引导性补助+生态文明示范工程试点工作经费补助"两个部分，目的在于通过财政转移支付对国家重点生态功能区生态环境损失及当地利益受损集体进行直接或间接补偿。

自20世纪80年代以来，国外学者和国际组织对农户可持续生计展开了大量的研究工作，基于农户生计的概念和内涵，并根据农户生产行为、政策作用下资产获取权限（包括自然资源和社会资源）以及行动环境，提出一整套农户可持续生计框架，该框架被运用到各国或地区农户可持续生计的分析中。随着实证研究不断向纵深方向发展，微观主体行为成为主要研究对象，对农户贫困和可持续生计的定量工具研究成为主流。多维贫困指数和生计脆弱性指数（LVI）逐渐被提出，用于研究反贫困和生计脆弱性问题。在目前的研究中，生计脆弱性指数主要用于衡量人们对环境和社会变化所带来的压力缺乏适应能力，或对伤害的敏感性以及缺乏恢复力。多维贫困指数体现了可持续的思想，然而在指标选取上只侧重健康、教育、生活质量等微观个人（家庭）因素，且不能客观评估由世界环境与发展委员会（WCED）提出的系统可持续发展的三个重要方面，因而无法真实客观地评价区域或生态系统内农户生计的可持续性。脱贫效果评估既是农户可持续生计研究的进一步深入，也是当前国家重点生态功能区建设过程中备受关注的关键科学问题。在国家重点生态功能区的建设过程中，基于农户可持续生计的脱贫效果评估，不单要评估收入层面的脱贫，更重要的是考核绿色减贫和科技脱贫的实施情况及成效，为国家重点生态功能区的建设完善和当地居民福祉提升、协调人口—经济—环境关系，以及实现区域经济发展与环境保护提供科学参考和依据。

在此基础上，本书主要包括四个部分，共分为九章内容。

第一部分，即第一章，概述了选题背景、问题的提出和研究的现实意义。通过梳理以往学者的研究内容，指出当前相关研究的不足之处，确定本书的主要内容框架、研究目的和方法。

第二部分，即第二章，主要梳理国家重点生态功能区建设进程、存在的问题以及对农户生计的影响。国家重点生态功能区的建设已逾十年，建设情况、存在问题以及对当地农户生计的影响值得研究。

第三部分，包括第三章至第六章，主要对国家重点生态功能区农户生计的可持续性进行测度。第三章对农户可持续生计的概念、研究框架和方法进行了介绍；第四章进一步构建了农户可持续生计指标体系；第五章主要针对国家重点生态功能区，对农户可持续生计安全指数进行测度；第六章主要针对流域深度贫困地区，对当地农户生计状态的可持续性进行测度。

第四部分，包括第七章和第八章。第七章基于农户可持续生计概念和研究框架，从经济增长绿化度、资源利用与保护程度、社会发展能力和扶贫开发与减贫效果维度构建评估指标体系，科学评估吕梁山集中连片特困地区的绿色减贫效果。第八章基于对抽样地区进行的实地调研，科学评估吕梁山集中连片特困地区的科技扶贫实施效果。

第五部分，即第九章，阐述了研究和结论启示，一方面对国家重点生态功能区农户可持续生计情况和减贫成效进行了总结，另一方面也为下一步国家重点生态功能区建设和乡村振兴战略的实施提供了建议。

第二章　国家重点生态功能区建设及对农户生计的影响

"可持续发展"的概念源自美国科普作家蕾切尔·卡逊1962年出版的《寂静的春天》一书，该书描绘了人类因过度使用化肥、农药导致环境污染、生态破坏的现象，引发了人类对环境问题的关注。1972年6月，联合国人类环境会议发布了《人类环境宣言》，指出保护和改善环境是关乎世界各国人民幸福生活和经济发展的重要问题。2000年9月8日，189位国家元首和其他高级别代表齐聚联合国总部，共同批准了《联合国千年宣言》，这份历史性文件将减贫作为新千年发展目标中的首要目标，从而体现消除极端贫困的重要性。依据2015年联合国发布的《千年发展目标报告》，中国极端贫困人口比例已从1990年的61%下降到2015年的30%以下，中国对全球减贫的贡献率超过70%，成为世界上减贫人口最多的国家，是世界上率先实现联合国千年发展目标的国家。在2015年9月召开的联合国可持续发展峰会中，联合国发展署和世界各国领导人达成《2030年可持续发展议程》，该议程涉及"经济发展""社会发展""环境保护"三位一体，对生态环境的保护提出了明确目标，迫切要求改善由经济社会发展引起的生态脆弱的现状。

人口增长、经济发展和环境破坏的现实矛盾使社会发展不可持续，引发饥饿和食品安全问题、教育医疗资源缺失等一系列贫困现象。为了修复破坏的生态环境和维护生态系统的稳定性、满足贫困人口的基本生活需要、实现社会经济可持续增长，中国提出了建设国家重点生态功能区的目标，通过合理布局、科学规划、有效监管，优化国土资源开发格局，恢复生态系统功能，促进区域经济、环境、社会和人之间协调可持续发展。国家重点生态功能区的建设既是修复生态环境的必然要求，又是推动社会经济可持续发展的现实需求。然而，国家重点生态功能区的建设对当地农户生计可能产生深远影响。一方面是农户获取生计资产的途径变化，另一方面是农户生计环境发生的变化。一方面，国家重点生态功能区建设使当地农户原有生产、生活方式受到限制，或者失去原有生产、生活的物质条件，还可能使农户被迫选择非可持续的发展方式，因而农户获取生计资产的途径发生了变化，生计策略发生了调整，从而影响了其生计的可持续性。另一方面，由于国家重点生态功能区出台严格的生态环境保护政策，农户所受自然环境的外部冲击会减少，生计环境的脆弱性降低，弹性增强。因此，针对国家重点生态功能区，中国出台了严格的生态环境保护政策并划定了不同类型的保护区。

第一节 国家重点生态功能区建设进程及问题

一 国家重点生态功能区建设进程

依据生态环境保护的产业结构调整和布局，2008年7月由环境保护部和中国科学院共同编制完成《全国生态功能区划》。《全国生态功能区划》在全国生态调查的基础上，分析了我国生态空间特征，评价了生态敏感性和生态系统服务功能，从而确定不同地域单元的主导生态功能。据此方案，全国被划分为216个生态功能区。《全国生态功能区划》是继我国自然区划、农业区划之后，在生态环境保护与生态建设方面的重大基础性工作，对牢固树立生态文明观念，科学指导产业布局、资源开发和生态保护，有效维护国家生态安全具有重要意义。同年9月，为了推进人口、经济、资源协调可持续发展，转变经济增长模式，优化国土空间开发格局，环境保护部出台了《全国生态脆弱区保护规划纲要》（环发〔2008〕92号），以加强生态脆弱区的保护，促进区域经济科学发展。该文件可以视为国家重点生态功能区建设规划的前身。依据全国生态脆弱区空间分布及生态环境现状，该文件重点提出全国八大生态脆弱区中的19个重点区域规划建设要求和方案，从系统上强调了生态环境的修复和改善生态环境质量。

依据生态环境状况和经济发展格局，国务院于2010年出台了《全国主体功能区规划》，以构建高效、协调、可持续的国土空间开发格局。其中，在《全国主体功能区规划》的第八章中，从功能定位和类型、规划目标、发展方向、开发管制原则四个方面详细地介绍了限制性国家重点生态功能区建设的细则，全国共规划了25个重点生态功能区，总面积约386万平方千米，占全国陆地国土面积的40.2%。在《全国主体功能区规划》第九章中，从功能定位、管制原则、近期任务三个方面详细地介绍了禁止性国家重点生态功能区建设的细则，全国共规划1443处禁止开发区域，总面积约120万平方千米，占全国陆地国土面积的12.5%。

2015年11月，为落实《环境保护法》《中共中央关于全面深化改革若干重大问题的决定》《中共中央国务院关于加快推进生态文明建设的意见》（中发〔2015〕12号）等文件，加强重要区域自然生态保护、优化国土空间开发格局、增加生态用地、保护和扩大生态空间，环境保护部和中国科学院在2008年印发的《全国生态功能区划》基础上，联合开展了修编工作，形成《全国生态功能区划（修编版）》。紧接着，为了进一步提高生态产品供给能力和国家生态保障的安全水平，国务院于2016年印发了《关于同意新增部分县（市、区、旗）纳入国家重点生态功能区的批复》（国函〔2016〕161号），原则上同意将240个县（市、区、旗）和87个国有林业局新增纳入国家重点生态功能区，从而将国家重点生态功能区覆盖的县（市、区、旗）数量由原来的436个增加至676个，占国土面积的比例由41%上升到53%。此外，国务院在批复中对各地方政府及相关部门提出了三点要求：一是依据国家重点生态功能区的定位，合理有效调控工业化和城镇化的开发内容和边界，大力提高区域生态产品的供给能力；二是加大对国家重点生态功能区建设的政策支持力度，同时首批纳入国家重点生态功能区的区域要严格实行产业准入负面清单制度，督促并指导新纳入的县（市、区、旗）尽快制定产业准入负面清单制度，在享受财政转移支付等优惠政策的同时，依照各自功能区的定位，强化生态保护和生态功能；三是国家发展改革委联合地方部门定期对国家重点生态功能区的建设情况开展检查工作，建立相关的激励和惩罚机制，规范国家重点生态功能区范围的调整标准和程序。

2009—2019年，国家财政部先后颁布了《国家重点生态功能区转移支付（试点）办法》（财预〔2009〕433号）、《国家重点生态功能区转移支付办法》（财预〔2011〕428号）、《2012年中央对地方国家重点生态功能区转移支付办法》（财预〔2012〕296号）、《2016年中央对地方国家重点生态功能区转移支付办法》（财预〔2016〕117号）、《中央对地方重点生态功能区转移支付办法》（财预〔2017〕126号）、《中央对地方重点生态功能区转移支付办法》（财预〔2018〕86号）等。国家重点生态功能区转移支付按县测算，下达到省，省级财政根据本地实际情况分配落实到各相关市县，其分配去向主要是与改善民生相关的"重点补助"、与保护生态环境相关的"禁止开发区域补助+引导性补助+生态护林员补助"以及依据地方考核情况的"奖惩资金"三个部分，目的在于通过财政转移支付对国家重点生态功能区生态环境损失及当地利益受损集体进行直接或间接补偿。通过在均衡性转移支付项下设立国家重点生态功能区转移支付以及生态补偿，旨在对当地居民可持续生计变化产生积极影响，制定了"加强生态环境保护力度，提高国家重点生态功能区所在地政府基本公共服务保障能力"的目标。各项政策重点具体如表2-1所示。

表2-1　　2009—2019年国家重点生态功能区转移支付主要政策

时间	机构	政策文件	政策重点
2009年12月1日	财政部	《国家重点生态功能区转移支付（试点）办法》（财预〔2009〕433号）	中央财政在均衡性转移支付下首次设立国家重点生态功能区转移支付
2011年7月19日		《国家重点生态功能区转移支付办法》（财预〔2011〕428号）	明确指出，转移支付范围为青海三江源自然保护区、南水北调中线水源地保护区、海南国际旅游岛中部山区生态保护核心区等国家重点生态功能区

续表

时间	机构	政策文件	政策重点
2012年6月15日	财政部	《2012年中央对地方国家重点生态功能区转移支付办法》（财预〔2012〕296号）	生态文明示范工程试点工作经费补助按照市级300万/个、县级200万/个的标准
2016年9月9日		《2016年中央对地方国家重点生态功能区转移支付办法》（财预〔2016〕117号）	将聘用贫困人口转为生态保护人员的增支情况作为转移支付测算的重要因素
2017年8月2日		《中央对地方重点生态功能区转移支付办法》（财预〔2017〕126号）	转移支付支持范围新增选聘建档立卡人员为生态护林员的地区
2018年6月25日		《中央对地方重点生态功能区转移支付办法》（财预〔2018〕86号）	重点补助对象为重点生态县域，长江经济带沿线省市，"三区三州"等深度贫困地区
2019年5月9日		《中央对地方重点生态功能区转移支付办法》（财预〔2019〕94号）	将国家级禁止开发区域列入转移支付的范围之内

二 国家重点生态功能区建设中存在的问题

国家重点生态功能区在其过去的产业发展过程中，由于缺乏合理性的规划和指导，长期以来开展了与本区生态功能定位不匹配的经济活动，主要表现在经济发展的过程中存在五个问题，分别是区域产业布局不合理、区域生态安全保护缺位、区域自然文化资源破坏严重、农户生计能力弱化及区域基础设施和公共服务设施滞后。

（一）区域产业布局不合理

国家重点生态功能区尚存在产业布局不合理的现象。部分企业的设立并未依据当地资源要素和禀赋条件，甚至超过了当地资源环境的承载能力。这种失调和不匹配不仅对区域生态环境造成了极大的压力，而且也降低了整个区域经济的可持续发展能力。

（二）区域生态安全保护缺位

粗放式的经济发展方式，以牺牲资源环境为代价，使区域可持续发展能力降低。由于保护生态环境的意识淡薄，没有针对人类活动破坏环境的惩罚措施，以及缺乏相关的政策引导人们去保护生态环境，生态安全保护缺位。

（三）区域自然文化资源破坏严重

国家重点生态功能区内自然文化资源丰富，拥有各类国家级森林公园、地质公园、风景名胜区、自然保护区，还有传承多年的珍贵的世界级文化自然遗产，但是因为人类的开发，自然文化资源不断失去了原真性和完整性。例如，随着旅游业发展和改善交通条件的需要，新建了公路、铁路和其他基础设施，逐渐增加的旅游观光人员超过了景区承载量，不仅破坏了原本的自然风貌，而且对景区的生态环境产生了极大的压力。此外，在国家森林公园、地质公园进行采石、取土、开矿等生产活动，也破坏了自然环境。

（四）农户生计能力弱化

国家重点生态功能区的建设改变了大部分农户原有的生计方式，农户在保护生态环境的过程中需不断适应新的生活方式，贫困依旧。退耕还林使农户的耕地面积大量减少，农民的粮食产量急剧下降，导致农户的收入减少，无法保障基本的日常生活。禁止砍伐薪柴使农户失去日常生产生活的燃料，对诸如煮饭、洗浴等基本的生活造成影响。农户缺失生计来源，日常生产生活方式与原来相比发生了变化，导致农户的生计脆弱。

（五）区域基础设施和公共服务设施滞后

国家重点生态功能区地理位置偏远，电力、通信、邮电、金融等服务机构有限，基础设施建设投入相对不足，尤其是交通基础设施仍有待大幅改善。交通目前主要以公路为主，但公路等级较低，路网多以二级、三级公路为主。乡镇分布距离较远，内外交通瓶颈严重阻碍了商贸流通业的发展，成为区域经济和社会发展的主要障碍。

以上五个问题对农户生计产生了两个方面的影响：一是国家重点生态功能区建设导致了农户原有生产、生活方式发生了改变；二是农户可持续生计能力弱化。因此，针对两方面不同的影响，分别制定了限制性政策和补偿性政策。

第二节 限制性政策及对农户生计的影响

当前关于建设国家重点生态功能区的政策主要包含限制性政策和补偿性政策两种。限制性政策即针对国家重点生态功能区的不同保护类别，采用不同的限制性措施和禁止性措施，以达到保护和修复生态环境、提高生态产品供给质量、因地制宜发展与主体生态功能区定位相符的产业的目标。从限制性政策的限制方向来看，其政策着力点主要是以下三个方面：一是产业准入层面。国家发展改革委于2016年10月出台了《国家重点生态功能区产业准入负面清单编制实施办法》，要求各地方政府依据本地资源禀赋条件，因地制宜地制定限制和禁止发展的产业目录，从而实现国家重点生态功能区产业发展的科学化、规范化和效率化。限制类产业是与所属国家重点生态功能区发展方向和开发管制原则不相符的产业；禁止类产业是不符合区域资源禀赋条件及所属国家重点生态功能区的发展方向和开发管制原则的产业。二是生态安全层面。为了涵养水源，禁止过度放牧、毁林开荒、开垦草原、无序采矿等行为；为了保持水土，限制陡坡垦殖和超载过牧，实行封山禁牧等行为；为了防风固沙，实行禁牧休牧，以草定畜，严格控制载畜量，禁止发展高耗水工业；为了维护生物多样性，禁止滥捕滥采野生动植物，实现野生动植物的种群平衡。三是自然文化资源层面。通过禁止开发国家级自然保护区、国家级风景名胜区、国家森林公园、国家地质公园和世界文化自然遗产，保护我国宝贵的自然文化资源。

国家重点生态功能区按其开发属性分为限制大规模工业化城镇化开发的重点生态功能区（限制开发区域）和禁止大规模工业化城镇化开发的重点生态功能区（禁止开发区域）。在限制开发的重点生态功能区域内，由于生态脆弱和人为高强度的开发引起了生态系统退化，需要依靠限制性措施来优化国土空间开发布局，以期提高生态产品的供给能力，做到增强区域生态环境服务功能，改善区域生态环境质量；降低人口总量，提高人口质量，减轻人口对生态环境的压力；提高公共服务水平，有效改善人民生活水平。在禁止开发的重点生态功能区内，野生濒危动植物集中分布，自然遗迹和文化遗址具有特殊的价值，国家禁止对其进行大规模高强度的工业化城镇化开发，禁止各类不符合区域功能定位的一切人类开发活动。国家重点生态功能区的建设结合不同的政策要求对农户生计产生了不同的影响。

一　限制性生态功能区建设对农户生计的影响

限制性国家重点生态功能区包含水源涵养型、水土保持型、防风固沙型和生物多样性维护四种类型。限制性区域的建设以保护和修复生态环境为首要目标，以生态、人、经济协调可持续发展为根本要求，因地制宜发展适宜的产业。

水源涵养型包含大小兴安岭森林生态功能区等八个重点生态功能区，围绕恢复天然林和地表植被、涵养水源、保护野生动植物开展管护工作。禁止过度放牧、毁林开荒、开垦草原、无序采矿，禁止公益林商业性采伐、非保护性采伐。其中，过度放牧等禁止性行为破坏了农户传统的生计方式，影响了农户的收入来源，对农户的生计产生了一定程度的影响。

水土保持型包含黄土高原丘陵沟壑水土保持生态功能区等四个重点生态功能区，围绕流域生态治理、减少因人为活动造成的水土流失开展管护工作。限制陡坡垦殖和超载过牧，实行封山禁牧，对当地农户的传统生产生活方式造成了冲击和影响。

防风固沙型包含塔里木河荒漠化防治生态功能区等六个重点生态功能区，围绕防治沙化面积扩大和恢复草原开展管护工作。禁止过度开垦、不适当樵采，合理利用地表水和地下水，禁止发展高耗水工业，虽然可以保护水资源的合理使用，提高水资源的利用率，增加农户可使用的水资源量，提升农户的自然资本，但限制了农户的传统生产生活方式。

生物多样性维护包含川滇森林及生物多样性生态功能区等七个重点生态功能区，围绕维护野生动植物种群稳定平衡开展管护工作，诸如禁止滥捕滥采野生动植物，控制城市开发和城市建设强度，加强热带雨林保护。森林植被覆盖率的增加能够净化空气，有利于人类身体健康，改善农户的人力资本。

二 禁止性生态功能区建设对农户生计的影响

禁止性重点生态功能区包含国家级自然保护区、国家级风景名胜区、国家地质公园、国家森林公园和世界自然文化遗产，共1443处区域，覆盖总面积约120万平方千米，占全国陆地国土面积的12.5%。针对上述五类不同的禁止开发区域，政府制定了不同的禁止开发政策。

国家级自然保护区按规划分为核心区、缓冲区和实验区三类，进行分类管理。按照政府规定，核心区要实现无人居住，缓冲区和实验区要实现少量人口居住，通过异地搬迁和就地转移两种途径实现人口转移。开展异地搬迁的居民要迁移到自然保护区外，就地转移的居民可以自主申请成为自然保护区的管护人员，从而解决了部分农户的再就业问题，提升了农户的社会资本。此外，自然保护区管护员岗位（如生态育林员）成了部分农户新的收入来源，增加了农户的金融资本。

在国家森林公园和国家地质公园内，严禁开展采石、开矿、放牧、砍伐等活动，严禁滥捕滥采野生动植物，使农户以矿为生、以游牧和伐林为生的主要生计方式受限。禁止伐林减少了农户的薪柴储备，日常生活燃料缺失，减少了农户的物质资本，同时也在一定程度上降低了农户的金融资本。

第三节 补偿性政策及对农户生计的影响

一 生态补偿政策的基本内容

（一）生态补偿的目的

针对四种生态功能区，国家制定了不同的修复和补偿措施，主要包含退牧还草、退耕还林、围山封育、封山育林、禁止过度放牧、无序采矿、毁林开荒，禁牧休牧、推行舍饲圈养、以草定畜，禁止对野生动植物进行滥捕滥采，限制陡坡垦殖、超载过牧等。生态补偿是国际公认的一种有效的生态修复方式，也成为在世界范围内保护生态环境的重要手段之一。

（二）生态补偿的形式

2015年4月25日中共中央国务院颁布的《关于加快推进生态文明建设的意见》中，将我国生态补偿的方式主要划分为资金补偿、技术补偿、物质补偿和产业补偿四类，每种补偿方式各有其特点，实际中往往是多种补偿方式综合作用以提高补偿效率。这四类主要补偿方式都对农户生计产生了一定程度的影响。

1. 资金补偿

资金补偿是生态补偿中最主要也是最常见的一种形式，通常包括税收减免、子女教育补贴、能源补贴、生态补偿金、政府财政转移支付、退税、贴息、赠款、信用担保贷款等。资金补偿作为一种现金补偿方式，具有"速度快、作用强"的特征，能够在短时间内通过增加农户的可支配收入，进而增加农户的金融资本来提高其生计资本水平。同时，还有专项补贴，例如能源补贴有助于新能源开发技术的应用，在生产经营过程中提供大量的就业岗位，为当地农户增加了稳定的收入来源。

2. 技术补偿

技术补偿也称为智力补偿，政府聘请相关行业的专家定期开展技能专项培训，提供无偿的技术咨询和指导，为受偿地区培养出一批技术人才和管理人才，从而提高其专业技能和组织管理水平。常见的技术培训包括种养殖技术培训、防御病虫灾害培训、大棚蔬菜栽培技术培训、农业机械使用技术及维修培训等。农民经过一段时间的由政府组织的技术培训后，提高了自身的人力资本水平，同时因专业技能水平的提高增加了就业机会，拓宽了社会资本。

3. 物质补偿

物质补偿通过改善受补偿者的生活条件，增强农户获取经济收入的能力。物质补偿主要包括粮食补贴、造林补贴、坡改梯补贴、赠送化肥、赠送农具等方式。通过物质补偿，如政府为了鼓励农户参加生态经济林建设赠予其农具，受补偿者增加了必备的生产要素，提高了物质资本水平。

4. 产业补偿

退耕还林、退牧还草工程的开展，使农户不得不放弃以游牧、砍伐薪柴为主的生活方式，改变了当地的产业模式。国家鼓励受补偿地区发展替代产业或者壮大产业体系，增强区域产业的"造血"功能，给予受补偿地区产业优惠政策和产业补助，从而有利于建立新的产业体系。

二 生态补偿对农户生计的影响分析

本部分从自然资本、社会资本、人力资本、金融资本、物质资本五个可持续生计维度，分析国家重点生态功能区生态补偿政策对农户生计资本的影响。

（一）资金补偿对农户生计的影响

资金补偿是目前国家重点生态功能区最常用、最普遍的生态补偿方式，主要补偿农户因禁止捕猎、砍伐薪柴、放牧割草等日常生计活动而产生的损失。

资金补偿对于农户的五种生计资本都具有正向的拉动作用。国家重点生态功能区大部分属于生态脆弱地区和集中连片特困地区交叉区域，不仅资源环境承载能力较低，而且世代久居的贫困居民多。国家重点生态功能区的资金补偿是国家针对生态环境脆弱地区的一种专门的财政转移支付手段，目的在于治理水土流失，恢复植被涵养水源，治理环境和净化空气。具体而言，政府采用了多种资金补偿手段来补贴农户，按照资金补偿的属性，可大致分为补贴、贷款、转移支付三种。其中，补贴主要包括子女教育补贴、能源补贴、生态补偿金等；贷款主要包括贴息、信用担保贷款等；转移支付主要根据国家重点生态功能区建设配套出台的转移支付办法使用。以下分别介绍这三类补贴方式对农户生计的影响。

1. 补贴对农户生计的影响

（1）子女教育补贴的影响。资金补偿中对贫困农户子女的教育补贴能够提高农户的受教育水平，从而使农户的人力资本得到不断积累,有效阻断贫困现象的代际传递。如针对贫困农户的覆盖从学前教育到高等教育的教育补贴政策,确保贫困农户子女"能上学、能读书、能就业"。在学前教育阶段,贫农子女上幼儿园每人每月可获得保教费资助和生活费资助;义务教育阶段,不仅免除了全部学杂费、教科书费和作业本费,而且贫困农户的子女还可获得寄宿生生活补助;普通高中阶段,贫困农户子女可享受国家助学金;高等教育阶段,除享受国家助学金、学费减免的助学政策之外,还可获得奖学金、创业资助等补贴。

(2)能源补贴的影响。为优化农村能源结构,推进农村能源清洁化和现代化,改善农民生产生活条件,财政部、国家能源局、农业部于2011年出台了《绿色能源示范县建设补助资金管理暂行办法》(财建〔2011〕113号),满足农村地区能源发展的需要,意味着农村地区的能源消费结构将随着历史发展和生态环境保护的要求不断演进。

受长期生活习惯的影响,我国部分国家重点生态功能区的农户以砍伐薪柴、树皮、草根作为日常生活燃料,由此带来负面影响,大量薪柴的砍伐不仅会破坏地表植被,引起草地退化和土地沙化,导致水土流失、生物多样性锐减,严重的会导致自然灾害频发,而且降低了林地、草地、耕地等生产要素的循环发展能力和生态环境质量。针对因为过度依赖薪柴等生物质能严重影响生态环境的问题,政府通过能源补贴(煤炭补贴、电力补贴、推广沼气使用等)的方式,鼓励农户减少对薪柴等生物质能的使用,逐步改变其生活燃料的使用习惯。

(3)生态补偿金的影响。国务院办公厅于2016年5月出台了《关于健全生态保护补偿机制的意见》(国办发〔2016〕31号),对于生态补偿金的使用范围和要求做了详细的论述。国务院明确指出,要对重点生态区域实施生态保护补偿全覆盖,针对不同的禁止开发区域和限制开发区域提出了不同的生态保护补偿方案,其中与国家重点生态功能区相关的包含森林等五大重点领域。森林,通过政府购买向农户发放停止天然林商业性采伐补助奖励奖金;草原,政府不仅对农户发放禁牧补助,而且大力支持人工饲草地和牲畜棚建设;湿地,政府向农户发放退耕还湿补偿金并实施湿地生态效益补偿支出,湿地生态效益补偿支出主要用于对候鸟迁飞路线上的重要湿地因鸟类等野生动物保护造成的损失给予补偿；水流，中央政府向地方政府及各部门发放水土保持生态效益补偿资金，保护水源及土壤；耕地，政府向实施退耕轮休的农户给予资金补助，向积极使用有机肥料和低毒生物农药的农户发放资金补助。

政府向农户发放生态补偿金（退牧还草补贴、退耕还林补贴等），弥补因退牧还草、退耕还林等生态修复工程对农户造成的生计损失。自 2016 年起，国家按退耕还林每亩补助 1500 元（其中，中央财政专项资金安排现金补助 1200 元、国家发展改革委安排种苗造林费 300 元）、退耕还草每亩补助 1000 元（其中，中央财政专项资金安排现金补助 850 元、国家发展改革委安排种苗种草费 150 元）。① 政府坚持农民自愿、政府引导的原则开展退耕还林工作。森林、草原、湿地、水流、耕地五大领域的生态补偿金制度的实施使区域的森林面积、草原面积、湿地面积增加，区域植被恢复，水质改善，动物栖息地环境改善，生物多样性保育功能增强，生态环境质量提高，同时生态补偿金的发放增加了农户的收入，促进了当地生态扶贫工作的开展，加快了脱贫攻坚的步伐。

总之，补贴对农户生计的影响，主要表现在以下几个方面。

第一，对金融资本的影响。以现金的形式增加了农户的金融资本，使农户的可支配收入增加，但是禁止毁林开荒、退耕还林对农户最直接的影响就是减少了人均耕地面积，降低了粮食产量，从而引起农户家庭收入的减少，使农户的金融资本减少。此外，沼气池等清洁能源的使用使得农户不再需要上山砍柴，农户可以利用原本上山砍柴的劳动工日外出打零工，如果把时间看作货币价值的一种表现形式，那么多余的劳动工日提升了货币价值，从而提高农户的金融资本。清洁能源开发利用技术的推广在生产经营活动中为社会创造了大量的就业机会，增加了农牧民收入，有利于农村经济结构的调整和剩余劳动

---

① 资料来源：财政部等八部门《关于扩大新一轮退耕还林还草规模的通知》（财农〔2015〕258 号）。

力的转移。

第二，对自然资本的影响。耕地资源是最重要的自然资本，退牧还林、退牧还草使耕地面积减少，减少了农户的自然资本。此外，禁止薪柴的砍伐有助于保护地表植被，减少水土流失，降低自然灾害发生的频率，从而提高了自然资本水平。生态补偿金使区域的森林面积、草原面积、湿地面积增加，区域植被恢复，水质改善，动物栖息地环境改善，生物多样性保育功能增强，生态环境质量得以提高。

第三，对人力资本的影响。封山育林改善了生态环境，减少牛粪等生物质能的粗放使用，可以改善农村地区的人居环境，降低疾病传播的可能性，有益于人们的身体健康状况，从而提升了农户的人力资本，改善了农户的生活质量。同时，教育补贴能够减免农户子女的教育成本，为其提供更加优质的教育环境，增加了农户家庭的人力资本。

第四，对物质资本的影响。以燃烧薪柴为主的传统能源消费结构转变为以煤炭、电力为主的现代能源消费结构，提高了能源使用效率，农户家庭能源结构的优化增加了农户的物质资本。

2. 贷款补贴对农户生计的影响

（1）贴息的影响。为了解决农户在发展种植、养殖及农产品加工等生产环节资金短缺的问题，政府联合金融机构，构建政银企农合作模式，积极对农户开展小额贷款贴息工作，不仅将大量的信贷资金和社会资源引入贫困地区，而且能够有效地促进农户增收。政府大力支持农业龙头企业的发展，采取"政府+企业+农业合作社+农户"的新型贷款模式，通过政府贴息贷款重点扶持与龙头企业合作的农户和专业合作社，引导农民走生产组织化、标准化和市场化运作道路。

（2）信用担保贷款的影响。由于农村信用体系的不健全以及农业具有分散经营和高风险的特点，农户往往很难申请到金融机构的贷款。同时，部分农户信用意识差，会出现借贷不还的情形，成为信贷高风险人群，金融机构也不愿向其发放贷款，致使农户生产经营发展缺少有力的资金支持。向正规金融机构借不到款的农户为了满足生产生活方面的资金需求进而转向非正规融资渠道，反而增大了风险，政府可以充当农户的信用担保者，农民专业合作社和国家公务员也可作为农户的信用担保人,凡是加入农民专业合作社的农户均可享受农产品经营的信用担保贷款服务。

因此,贷款对农户生计的影响具体表现在以下几个方面。

第一,对金融资本的影响。贴息贷款解决了农户生产资金短缺的问题,降低了农户因生产资金不及时到位产生的经济损失,同时,政府对农户的贴息降低了其生产成本,提升了农户的金融资本水平。

第二,对物质资本的影响。获得贴息贷款的农户可以在原有养殖的基础上扩大规模,从而增加了农户的物质资本。

第三,对社会资本的影响。信用担保的模式,一方面提高了金融机构贷款的安全性,降低了其贷款成本;另一方面有助于培育农户的诚信理念,加强农村信用体系建设。农户诚信水平的提高为其自身参与社会组织活动增加了机会,使农户的社会资本增加。

3. 国家重点生态功能区转移支付对农户生计的影响

为维护国家生态安全,促进生态文明建设,引导地方政府加强生态环境保护,提高国家重点生态功能区所在地政府基本公共服务保障能力,中央政府先后出台了多项财政转移支付政策。国家重点生态功能区转移支付是目前唯一直接针对国家重点生态功能区的生态环境保护和生态建设的补偿政策。转移支付资金主要用于生态环境保护和基础社会公共服务两大领域,其中生态环境保护包括水土保持、生物多样性维护、森林保护等方面,基础社会公共服务包括社会保障、医疗卫生、子女教育、公共基础设施建设等方面。

在生态环境保护方面,转移支付资金主要用于生态绿化工程、生产生活垃圾和污水处理工程、水土保持综合治理工程等。一是生态绿化工程。通过开辟道路、平整土地、整地栽植、浇水扶育进行人工造林,提高区域植被覆盖率,减少地表径流对土壤的冲刷,有效抑制水土流失,改善区域的生态自然环境,提高了农户的自然资本。同时,生态环境的根本改善巩固了农业的基础地位,环境的优化和稳定使粮食产量稳步增加,林草产量日渐丰富,有助于农民脱贫致富,提高了农户的自然资本和金融资本。二是生产生活垃圾和污水处理工程。通过在乡镇新建垃圾处理厂和污水处理厂,购买垃圾处理设备,降低污水排放进河道内的污染物含量，改善河道、湖泊的水质，农户可使用到清洁的水源，降低了因使用受污染的水源而发病的风险，健康状况得到保障，从而人力资本提升。三是水土保持综合治理工程。通过建设高标准水平梯田、种植经济林、封山育林、修建作业路、防护坝等，有效改善水土流失现象，促进区域生态环境优化，改善生活环境，提高区域居民的生活水平。

在基础社会公共服务方面，转移支付资金主要用于乡镇和农村医疗设施的改善、社会保障和就业两大方面。一是乡镇和农村医疗设施的改善。将转移支付资金用于乡镇和村级医院、卫生院、疗养院、诊所、卫生所、急救站等医疗机构的新建或改建，大幅提高乡镇和农村医疗机构的医疗服务能力，满足日常各类医疗救治工作的需求，提高区域医疗环境，有利于保护区域居民身体健康和生命安全，从而改善了居民的人力资本。二是社会保障和就业。转移支付资金的发放鼓励农户积极参加新型农村合作医疗保险，降低农户看病治疗的经济成本，增加了农户的金融资本。此外，转移支付资金还投向农村最低生活补助、农村"五保"供养、社会救灾救济金等民生配套领域，为农户的生活提供了基本的保障，提升了农户的社会资本。

（二）物质补偿对农户生计的影响

物质补偿是指政府对受补偿者的物质、劳动和土地等生产要素进行补偿，可改善受补偿者的生活条件，增强其获取经济效益的能力。为了巩固退耕还林、退牧还草的治理成果，同时考虑到农户长远生计的问题，拓宽其增加收入的渠道，政府积极引导农户承包山地种植经济林（果园、茶林、大棚蔬菜等），因地制宜地发展不影响主体功能定位的生态产业。政府使用实物补偿的方式鼓励农户发展以果园为典型代表的生态产业，一般实物补偿的途径有肥料补贴、造林补贴、经济林道路建设、生产性用具赠予等，这些实物补贴能够激励农户投入到生态产业的建设中。实物补偿对农户生计资本的影响主要体现在物质资本、人力资本、金融资本和自然资本四个方面。

1. 对物质资本的影响

政府对农户的物质补偿在一定程度上增加了农户的物质资本，表现在以下几个方面。第一，在一些国家重点生态功能区，政府为推动生态环境修复同时改善农户居住条件而实施生态扶贫搬迁，住房安置项目促使农户人均住房面积增加，农户从土房、草房、砖瓦房搬到土木房、钢筋混凝土房，住房状况得到改善，农户的物质资本增加。第二，物质补偿促进了农户收入的增加和生活水平的提高，表现在农户增加了对家庭耐用品的消费，如洗衣机、冰箱、摩托车、手机等拥有量增加，从而提高了农户的物质资本。第三，免费的生产性用具赠予，增加了农户家庭的固定资产，从而增加了农户的物质资本。第四，针对经济林建设成规模的地区，政府会帮助农户建设经济林道路，改善了经济林周边的基础设施条件，提高了农户的物质资本。

2. 对人力资本的影响

物质补偿对农户人力资本的主要影响：第一，贫困地区的教育扶贫计划促进了政府加大对学前教育、基础教育和职业教育的投资与补贴，提高了具备初中与高中文化程度的农户数量，降低了成年劳动力文盲率，劳动力质量的上升可以有效提升农户人力资本的价值。第二，以果园种植为代表的经济林建设能够起到保持水土、恢复地表植被的作用，生态环境的改善有利于农户的健康状况，使农户的人力资本增加。第三，造林补贴项目不仅带动了绿化造林工作，而且带动了一批林业承包大户，有效地解决了林农就业和增收的问题，增加了一部分林农的人力资本。

3. 对金融资本的影响

物质补偿对农户金融资本的主要影响：第一，政府向农户发放的农产品种植补贴、安装家庭光伏电站的安装费补贴都是农户的直接收入来源，会直接增加农户的金融资本。第二，农村能人或脱贫创业致富带头人发展特色产业享受的小额信贷补贴，通过免除部分利息的方式降低了农户的资金偿还压力，提高了农户自有资金的流动性，会间接增加农户的金融资本。第三，利用生态资源优势，种植果园、茶林等生态产业拓宽了农户的收入渠道，增加了农户的收入来源，改变了原本以毁林开荒、靠出售森林资源为主的谋生方式，生态产业带来的经济收入和效益要远高于原来粗放型的农业经营模式，农户经济收入的提高使金融资本增加。第四,造林补贴能够缓解农户建设经济林过程中的资金压力,增加农户用于生产生活的流动资金,也使农户的金融资本增加。

4. 对自然资本的影响

物质补偿对农户自然资本的主要影响:第一,在国家重点生态功能区内,退牧还草、退耕还林工程限制了农户对草地、林地资源的利用,同时生态公益林的种植又致使农户的耕地面积减少,导致农户的自然资本降低。第二,在把生态优势转化为经济优势的过程中,政府引导农户荒山造林、退耕还林,不仅使农户获得经济林建设补贴,还修复了生态环境,良好的生态环境改善了农户的自然资本。第三,国家大力推广实施有机肥替代化肥,支持农业经营主体和农户使用有机肥,并给予肥料补助。有机肥的使用不仅可以促进农作物对土壤养分的吸收和利用,提升农产品品质,而且可以提高土壤的保肥保水能力,保证土壤良好的生态环境。土壤肥力的保证对于农户自然资本的增加具有促进作用。

(三)技术补偿对农户生计的影响

国家重点生态功能区的技术补偿是激励农户转向以经济林为主的生态农业、修复生态环境的重要举措。政府组织林业部门、农业部门科技特派员等技术人员兼职为农户提供农林种植、管理方面的技术咨询和专业指导服务,给予的技术补偿主要包括种养殖技术培训、防御病虫灾害培训、大棚蔬菜栽培技术培训、农业机械使用技术及维修培训等。通过种植技术的培训,农户能够系统地学习果蔬的科学种植,在果蔬种植技术上有所进步,提高种植经济效益,从而有效地发展了农业生产。技术补偿对农户生计的影响主要集中在农户的人力资本和社会资本两方面。

1. 对人力资本的影响

技术补偿是"造血"型补偿方式之一,提升了农户的可持续生计能力。政府聘请各行各业专家定期开展技能技术专项培训,并且提供无偿的技术咨询和跟踪指导,培养出一批受补偿地区的专业技术人才和科技特派员,使农户自身能力和素质得以提升,农业生产效率提高，并且使农户有机会学习其他职业技能，从事非农产业。技术补偿通过对农户直接的培训改善了农户的人力资本。

2. 对社会资本的影响

第一，通过农业合作社的专项实用技术培训，向农户普及农业生产的基本使用技能，更新了农业生产的观念，使其掌握了农业生产高级技能，提升了农户的就业机会，提高了农户的社会资本水平。第二，在农业技术专家的培训指导过程中建立的良好伙伴合作关系和市场联系，对于农户增产增收和脱贫致富产生积极影响，从而增加了农户的社会资本。第三，技术补偿帮助一部分农户率先实现脱贫增收，这些农户形成的"示范效应"不仅激发了其余贫困户的脱贫内生动力，而且积累的脱贫经验对于帮助贫困户从事生产活动具有指导作用，同样促进了农户社会资本的增加。

(四) 产业补偿对农户生计的影响

因地制宜地发展特色产业，建设优势农业产业体系，符合国家重点生态功能区建设的目标。国家重点生态功能区应立足于贫困地域的地理条件、自然资源和文化习俗等各类自然、社会资源要素，借助政府资金补贴、有利的政策环境以及地方企业帮扶等条件，完成资源优势向产业优势的蜕变，培育和壮大受偿地区的产业体系，吸收鼓励贫困人口创业就业，从而增强产业扶贫的"造血"能力，推动农户可持续脱贫能力的提升。在产业扶贫项目实施过程中，政府挖掘地区生态优势发展特色产业，主要采取"农户+合作社+特色农产品"的产业补偿帮扶方式，并且以发展乡村旅游业为辅助，为农户提供产业扶持资金补贴、特色农产品养殖和销售培训等服务内容。产业补偿对农户生计的影响主要集中在农户的自然资本和社会资本两个方面。

1. 对自然资本的影响

产业补偿对农户自然资本的主要影响：第一，国家重点生态功能区产业发展需严格贯彻落实"绿水青山就是金山银山"的生态发展理念，开展"乡村旅游+农业"的产业扶贫模式，充分利用国家重点生态功能区的土地、森林和水源等自然资源，从整体和长远角度考虑旅游产业和生态环境的协调发展，在实现贫困地区创收增收的同时，也利用自然资本增加农户生计的可持续性。第二，发展乡村旅游产业和大量土地退耕还林，虽然减少了农户对草地和耕地的使用面积，降低了他们对自然资本的依赖性，但也阻止了对自然环境的粗放型利用，同时乡村旅游产业是集农业观光、果蔬采摘和休闲娱乐于一体的新型产业，辅助的基础设施和公共服务配套建设，不仅为农户提供了多样化的生计策略，增加了农户的人均收入，而且改善了当地的软环境，从某种程度上间接增加了农户的自然资本。第三，乡村旅游作为一种新型产业扶贫方式，不仅在促进国家重点生态功能区脱贫致富方面起到至关重要的作用，而且在当地生态系统的保护方面占据举足轻重的地位，如涵养水源、净化空气、维持生物多样性等，因此从自然生态角度来说，乡村旅游产业的发展也增加了当地农户的自然资本。

2. 对社会资本的影响

产业补偿对农户社会资本的主要影响：第一，政府在推进产业扶贫项目中，结合贫困人口实际需求，依靠致富能手传授给贫困农户农产品种植、养殖以及销售等技术经验，并联合当地金融机构推行信贷优惠、税收减免和现金补助等政策，从而提高了贫困农户获得社会网络和社会组织帮助的机会，改善了农户的社会资本。第二，率先脱贫致富的示范户在当地社会网络中建立起一定的声望，其地区性社会影响能力的提升扩大了农户的人际圈，增加了农户参与社会活动的广泛性和积极性，从而增加了农户的社会资本。第三，当地农业能人为了扩大生产规模，会雇用本地的一部分闲置劳动力，解决了部分农户的就业问题，促进了当地农户收入的提升，加速了减贫进程。第四，加入农业合作社的农户系统化地学习到了专业技术知识，有效地提升了自身的专业技能水平，增强了在该品种或领域的社会竞争力，在当地产生了一定的示范作用和溢出效应，有效地促进了社会资本的增加。

第三章 农户可持续生计的概念、研究框架与方法

在对前人研究进行系统总结梳理的基础上，本章根据国家重点生态功能区建设过程中不断出现的生态环境政策和生态补偿政策及对农户生计的影响分析，进一步研究农户可持续生计的概念、基本框架以及测度方法。

第一节 农户可持续生计的概念

"农户可持续生计"作为一个整体的概念表述，最早在1986年日内瓦举行的布伦特兰委员会会议上提出，当时主要是围绕学术界普遍关注的"2000年食品问题报告"的会议议题进行讨论。在这次会议中，M. S. Swaminathan、Robert Chambers 和其他学者共同确定了一个"以人为出发点，促进贫困农户生活发展"的概念性框架。这一概念性框架的具体观点早在1983年 Robert Chambers 出版的《农村发展：以末为先》(*Rural Development: Putting the Last First*) 一书中做出过详细的阐述。在 Richard Sandbrook 的提议下，在1987年的环境与发展国际研究会议上"农户可持续生计"成为会议讨论的一个焦点。在此基础上，1987年 Robert Chambers 在苏塞克斯大学发展研究所（IDS）发表论文正式提出这一主要观点。对这一问题的持续探索直到1992年，Chambers 和 Conway 对可持续生计的概念给出了一个至今都广为接受的定义：生计包括能力、资本和赖以生存的活动空间。农户可持续生计是指农户为维持生计能够应对来自外界的压力并从压力中恢

复，在保持或提升其能力和资本的同时，不破坏赖以生存的自然资源和社会环境。此概念已意识到农户生计、农业生态系统恢复和社会经济环境三者之间存在的重要联系，因而被誉为农户可持续生计研究的启蒙观点。在此之后，许多学者或政策制定者都对农户可持续生计做出相关描述（Carney，1998；Tacoli，1998；Bebbington，1999；Ellis，2000；Frost，2007；等），如从生计最基础的含义出发，指出生计是一种谋生的手段或工具，建立在能力、资产和环境的基础之上。如果农户能应对来自农业的胁迫和环境冲击，并从中恢复、维持、增加资产或使资产组合效益最大化，保持并不断提高能力，进而为后代生存和发展提供机会，在短期和长期内以及在当地和全球范围内农户持续改善生计的同时又不损坏自然资源和环境，那么农户实现这样的生计才具有持续性。

农户可持续生计概念的提出，为学术界提供了一个从跨领域、多学科角度深入农村，探究农户生计和农村可持续发展问题，并积极进行政策完善的方法。20世纪90年代中期，英国最先开始进行关于发展中国家农户的生计和可持续发展的创新性研究，IDS、东安格利亚大学、IIED、ODI、利兹大学、布拉德福德大学、伍尔弗汉普顿大学、伦敦大学、曼彻斯特大学和伯明翰大学均开展此项研究，在1987—1997年的十年里，大量农户可持续生计理论和实践的观点被作为英国发展政策的基本原则（Solesbury，2003）。20世纪90年代后期，"华盛顿共识"公式化的解决方案受到现实的挑战，其中典型的代表就是在1999年召开的世界贸易组织部长级会议上出现的"西雅图之战"，在全球社会论坛中出现的关于全球社会运动、学术交流中，农户的可持续生计研究逐步进入主流，其典型代表就是以英国国际发展署（DFID）为中心的研究学派。1997年随着执政党工党的上台，英国国际发展署部长Clare Short发表了一份以降低贫困和生计发展为焦点的白皮书（Solesbury，2003）。在白皮书的开头部分着重提到要以"农户可持续生计"为优先发展的重点。

农户可持续生计的研究已经放弃了用一种狭窄的观点去分析生产、就业和收入，转向了一种更为广泛范围内的生计研究，涵盖政府政策、社会文化和经济维度。同时，还强调了减少生计的脆弱性、提高环境的可持续性和构建本地优势的发展策略（Parrott，Hebinck and Westernport，2006）。发展至今，农户可持续生计主要研究内容的完善可分为两个阶段：在第一个阶段的研究过程中，土地、劳动力和金融资本（仅限于投资要素）才被列入有关农户生计问题和经济增长问题的研究中去，随后技术（物质资本）也加入这一研究内容中；第二个阶段主要通过一系列的经验证据显示，没有知识和创业技能（人力资本）将限制其他生产要素的潜力，只要涉及人力资本的问题时，劳动力和技术是必须要解决的问题。借鉴当时作为主流研究的发展经济学观点，将社会资本作为一种重要的资产融入农户生计问题研究中去，原因是社会资本在农户获取生计资本的过程中发挥了重要作用。同时值得注意的是，由于知识能够帮助人们更好地组织、评估和转换信息，因而人力资本与社会资本的关系有着极大的重要性（Woolcock，2001）。

第二节 农户可持续生计的研究框架

目前，在扶贫和减贫领域，一些双边或多边的国际援助组织，如世界银行（World Bank）和国际发展研究机构，主要用"可持续生计框架"研究发展中国家贫困与可持续发展问题以及特殊区域农民可持续性生计途径。其他学者提出不同的研究框架，如 Scoones 提出，可持续生计框架包括减少贫困、增强幸福感和能力、环境的适应性与脆弱性及恢复力、创造性工作的时间等几方面内容。UNDP（联合国开发计划署）开发了针对一国范围内的包含设计、实施与评估在内的可持续生计整体计划分析框架。除此之外，Camey、Ellis、Leach、CARE（国际关怀组织）等也均提出了切实可行的可持续生计框架。随着可持续发展研究的发展和可持续生计方法的成熟，国内外的学者、组织和发展机构，无论政府组织还是非政府组织，都越来越倾向于对 DFID 提出的可持续生计框架（SLA）进行扩展，运用可持续发展理念来研究贫困的解决方案,农户可持续生计就是其中之一。

一　农户可持续生计研究框架的发展

随着研究的深入,经典的生计框架不断扩展和延伸,农户可持续生计研究逐步从一系列分散的图表和条块论述转移到框架性的系统研究,通过对农户生计资产和生计方法的分析,获得农户可持续生计的研究分析框架。因此,关于可持续生计框架的研究进入了一个全新的阶段。在农户可持续生计的研究框架中,由于政府通过各项惠农政策来帮助农户提升生计的可持续性,因此,从这个时期开始,关于农户生计问题的研究已经不再局限于自然资源(尤其是土地问题)或者单纯关注农村的经济增长方面,转向研究农户生计的可持续性问题,主要体现在政府对消除贫困的政治承诺和具体而有效的做法,特别是随着"Jubilee 2000 运动"的开展,这一观念在英国首先得到广泛传播,并成为解决贫困问题的开始。随后,农户可持续生计研究框架逐渐成为农村发展研究的重点部分,该框架在不断完善过程中,受到学术界的不断批评和修正,如不少学者认为,政府帮扶资金、政府政策的合理运用以及非政府组织特别是牛津救济委员(Oxfam)以及国际关怀组织(CARE)在农户生计的影响研究中发挥了重大作用。除此之外,联合国粮食和农业计划署以及联合国开发计划署对农户生计框架也做了研究,认为需要创造一种多样化的生计研究方法(Carney et al.,1999)。因而,在随后的时间里,关于农户生计框架研究的讨论和交流活动不断增加,农户可持续生计框架也逐渐得以建立和完善,同时,各种关于农户可持续生计框架的解释和影响因素以及对生态破坏与环境污染等内容的讨论仍在继续。

目前的农户可持续生计研究框架,首先从"农户生计"的概念出发,认为农户可持续生计包括能力、资产以及一种生活方式所在的环境。这个概念的重要特点,一方面是它直接关注农户能够提高生存所需收入的最大化满足,另一方面它也关注农户所拥有的资产、他们利用资源环境和选择生计发展的路径。因此,农户可持续框架强调农户个人(家庭)生活所需要的能力、政府政策作用下资产获取权限(包括自然资源和社会资源)以及行动环境,具体包括农户(家庭)

拥有的资产（主要包括自然、物质、劳动力、金融、政治或社会资本等）以及农户的行动和获得上述资产的政策依据和途径，其决定了农户生存所需资源的来源，以及谋生的路径和方式。因此，Batterbury 和 Forsyth 构建了包含农户为了摆脱贫困所需要的能力、资产以及所从事的各类活动的农户可持续生计框架，突出了政策和机构发挥作用的机制，保证这种生计的改变能够在当前和未来促使其资产增加和发展能力增强的同时，以不损坏自然资源和环境为前提，实现区域可持续性的发展。因而，农户可持续生计分析框架包括环境脆弱性（农业的发展更易受到各类环境变动因素的冲击）、政策、过程和结构的转化、生计效果以及技术和经济的多样性变化、生计资本以及生计途径。主要表现为，脆弱性环境的冲击使当地的经济短期出现震荡并受到威胁，促使农业长期地发展变化。政府政策、机构和过程调整也能在一定程度上调节农户拥有的资源和响应的程度以及对不同生计资本组合的反馈，同时生计资本较多的人具有更多的选择权，并有能力取得一些政策措施保障自身生计的安全。农户生计的可持续性在很大程度上取决于他们对资产的拥有和政策导向，不同的政策和资产组合决定农户不同的适应性策略，从而达到不同的减贫结果。

二 农户可持续生计研究框架的主要内容

（一）环境脆弱性

在一定意义上来讲，农户生计所依赖的环境变化也是由生计本身所决定的，如与农户生计相关的种植业、畜牧业、林业等。农户不同的资源利用模式可以降低或提高当地森林覆盖、控制土地退化或维持生物多样性。环境的变化所带来的人口密度、经济密度和投资强度变化，又直接影响到农户可持续生计，并造成环境压力。同时，农户可持续生计分析虽然注重当地的较小规模和短期的脆弱性威胁，但也着眼于长期农村发展（农业产业化实现）问题。政府则主要着眼于建立合适的授权机构或社区的政策改革，在很大程度上放弃通过发展援助方式为家庭生计提供直接支持，而是通过提供社会公平服务，如医疗、财政、社会保障等，进而影响农户生计可持续性，因为由生计多样化和生计决策所导致的"环境"也是一个现实问题。

(二)结构和过程的转化

结构、过程以及政策机构是决定农户生计资产获取权限的核心和基础，同时也涉及各种不同生计资产之间的相互转化，甚至以此来确定生计策略（Shankland，2000）。"结构"可以被描述为"硬件"（私人和公共机构）的集，其作用就是执行相关政策和立法工作，并通过提供各种社会化服务和其他各种各样的非市场化功能来影响生计。"过程"则构成了"软件"，主要是确定不同组织机构和人们之间的相互关系，直接改变农户生计脆弱性环境，同时可减轻或加重外部冲击对农户可持续生计的影响。农户可持续生计研究框架（见图3-1）在传统可持续生计框架基础上增加了一些新的内容，尤其是加大了关于政府政策的作用和干预机制。Leach等学者着重强调获取生计资源的"权限中介机构"，而不是简单地只关注农户生产和富裕的角度。Mortimore（1989）则认为，非政府组织的作用将增强贫困地区农户的生计能力，且通过微型信贷的方式，使农作物和牲畜更容易进入市场当中，突出了市场体制的主导作用；强调了以人为本和发展机会的变

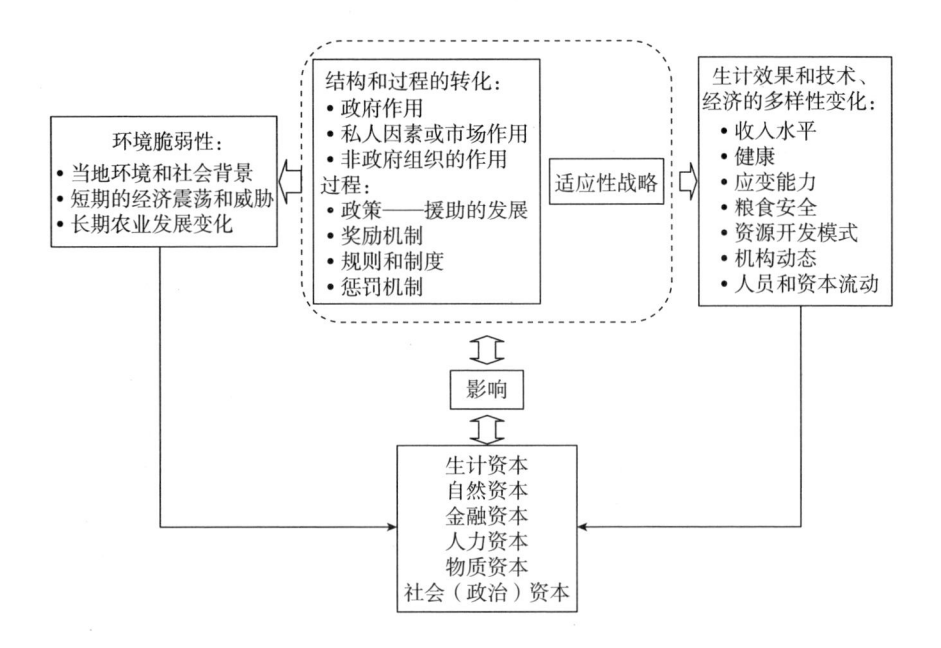

图3-1 农户可持续生计研究框架

化，农户生计必须是动态的以应对这些变化。"生计可持续性"应充分考虑经济效率水平、社会公平以及生态环境安全的制度和参数，在此基础上设计一个更适合的政策和制度安排，以促进农村贫困人口获取"固定资产"的权限，减少脆弱性环境的冲击。Scoones 和 Wolmer（2000）认为，农户生计的可持续性应与更为广泛范围下的省、国家甚至国际水平的制度和政策架构相连，在这种联系中，需要强化更加复杂和特征鲜明的组织机构、社会环境以及政策制度，尤其不能忽略与农户生计可持续间接相关的部分。

（三）生计效果和技术、经济的多样性变化

农户可持续生计框架设计应考虑技术、经济的多样性变化，进而农户生计效果产生的相应变化。Andrew Warren 通过将农户使用的新技术量化，在以人为本的生计框架下，逐步向外扩展到人类活动对环境的影响；通过对过去十多年的研究发现，自然资本（表层土）在农户家庭生计中牺牲的速度很快，特别是随着产业结构调整，非农产业发展和非农活动干预的增强，这主要是由劳动力教育资源短缺和信息获取能力的缺乏导致的。一些性别化的生计策略多样化的研究发现，女性家庭成员在过去40年中与男性（除了不同时期内的自然和社会资本的利用）相比更不容易改变家庭生计。

（四）农户资产组合及权限

农户资产可以视为一个网络框架，它所占据的范围越广，表明生计本身更具弹性（Carney，1998）。因此它可以用来表述不同地区或不同家庭，由于本身存在的生计资产的不同配置所表达的生计特征。通过设置生计资产组合可以使其他方面因素对农户可持续生计产生的影响变得更加清晰（Sanderson，1999）。与此同时，还减轻了原先的可持续生计框架下的资产五角模型中由于其他因素导致的这五种资产的变异性。它也因此引入了新的变量，这就需要做进一步的研究（White and Ellison，2006）。

（五）农户可持续生计效果

农户可持续生计框架研究的最终目的就是分析影响农户的生计策略和导致的生计效果。生计策略可以被定义为农户资产投资组合的活动和选择，以实现其谋生的目的，包括生产活动、投资策略、生育选择等。对于生态脆弱性区域的农户而言，由于资产可获得性有限，他们不得不制定更好的生计策略以综合开发利用现有资产来维持生计的可持续性。生计的最终效果是由生计策略所决定的，理想的生计效果是更多的收入和福利的增加（如非物质形式的收入、健康状况改善和获取生计资产的权限）以及生计脆弱性的减少、生计韧性增强，还包括粮食安全问题改善（如增加金融资本用以购买足够的食物）、更可持续地利用自然资源的能力（如增加适当的产权）和区域生态系统得到有效修复。因此，对于最终生计效果的科学测度和评价，有助于挖掘农户生计可持续性的行为重点，以及利用新的机遇和应对挑战的思路和方法，改变生计效果会直接影响农户生计资本资产的现有组合状态，并且对剩余资产的交互作用产生影响。

第三节　农户可持续生计的研究方法

农户可持续生计分析方法主要是从农户视角来定量研究和测度其生计可持续性的集成分析方法和建设性工具。农户可持续生计分析方法的理论基础，主要源于20世纪80年代阿马蒂亚·森（Amartya Sen，1981）对农村贫困的测度和研究，IDS在其提出的理论基础上，着重强调获取生计可持续的"资产权限"，而不是简单地只关注农户生产和富裕情况（Leach et al.，1997）。IDS最早关于农户可持续生计的研究工作，吸引了许多学者对农户获取生计类资产权限、农户生计可持续性问题和农村发展与环境变化问题进行理论和实践研究。此后，DFID、ESRC等所资助的关键机构率先开展实证研究，一些非政府组织如Oxfam、Actionaid和CARE也开始对农户可持续生计问题进行实证研究，研究对象为发展中国家和生态脆弱性地区，分析和评估内部和外部因素对农户生计的影响，在此基础上根据农户响应的生计策略和最终生计效果来判定现有生计方式下农户生计的可持续性。

从指标设计层面，联合国开发计划署在《1990年人文发展报告》

中首次提出了人类发展指数（HDI），用以衡量各成员国经济社会发展水平。人类发展指数的指标值由"预期寿命""教育年限"和"生活水平"三个分指标复合决定。修改的人类发展指数（1992），把人类活动自由度也引入人类发展指标体系当中，用以弥补PQLI和HDI对于可持续发展能力评估不足的缺点。能较为全面地衡量人的可持续发展能力的指标是可持续经济福利指数（ISEW）（Daly and Cobb，1989），不仅考虑平均消费，也考虑了社会群体的分配状况，更重要的是将土壤、水、空气、臭氧等各项环境的长期恶化也考虑在内。虽然ISEW内容已经较为全面和客观，但它对于信息获取的要求非常高，不仅要涵盖社会、经济、环境等诸多方面，还要求数据必须是完整的时间序列。因此，对于数据信息不完整的大多数发展中国家来说，这项指标很难广泛应用。

在此基础上，世界环境与发展委员会（WCED）首次系统地提出并阐述了"可持续"的概念，虽然在量化上遇到很大困难，尤其是量化的必要条件，但仍有很多学者进行了积极的探索研究。如Swaminathan（1991b）认为，生态、经济、伦理道德是可持续的三个基本条件，这与Sadler（1988）提出的可持续的三个交互维度（社会目标、经济目标和环境目标）不谋而合。世界资源研究所、联合国环境规划署和联合国开发计划署发布的联合报告中，将可持续定义为环境、经济、人类和技术四个交互作用的维度，这与Swaminathan（1991a）的理论极为相近。如果从生态学、经济学和伦理学的三个相互关联的维度对可持续性进行界定和评价，那么这三个基本条件也就是生计可持续的生态安全、经济效率和社会公平。生态安全对于维持和改善经济资源基础提供了非常重要的载体；经济效率主要是侧重对社会资源的最优配置、产业发展和经济潜力挖掘；社会公平则可以保证经济利益分配，包括目前和将来获得和维持生计状态的权利。尤其是对于处于经济弱势的农户，社会公平是非常重要的。环境安全与经济发展并不一定只有冲突，当一个国家或地区的发展是面向促进公平等方面的减贫、健康、卫生等领域时，环境和经济发展也存在"双赢"的可能性（World Bank，1992）。

在以上分析的基础上，根据农户可持续生计的概念、分析框架和农村社会经济发展实际情况，总结出农户可持续生计测度应有三个重要的组成部分：能力、公平性和可持续性。其中公平性和可持续性与生计可持续的维度相符合，而能力是指农户感知和应对来自生计活动的外部冲击和内部压力的能力（Murray，1991）。如果将能力抽象出来，定量分析能力对生计的影响而不是能力本身的时候，能力的意义就在于它可以表示为一种经济效率的概念。本书据此而使用的可持续生计安全指数（SLSI）作为给定地区或生态系统内农户生计可持续评价的工具，是一种广义上的人类发展指数。SLSI 是一种利用截面数据，测量给定地区或生态系统农户生计可持续状态的指标（Rai，S. D. et al.，2008），是一种在生态安全、经济效率和社会公平之间的生计可持续性选择，它的基本条件与可持续发展的三维概念一致，由生态安全、经济效率和社会公平三个部分组成（Saleth and Swaminathan，2003）。同时，SLSI 可作为农业可持续发展的基础。选取这三项指标的原因是：①指数应该是综合的，选取的指标之间不仅应具有相互冲突的部分，还应具有内在相互协同的作用；②指标应该简单、灵活，并能反映出有效的信息；③对于决策者和基层管理者而言，它应该易于构建和理解。具体而言，可持续生计安全指数（SLSI）是具有三个组成指标的综合指数，即生态安全指数（ESI）、经济效率指数（EEI）和社会公平指数（SEI）；生计状态指数（LSI）则具有生态状态、经济状态和社会状态三个维度，包括生态状态指数、经济状态指数与社会状态指数，用于分析不同区域主体在深度贫困地区的农业状态指数、基础设施状态指数、医疗卫生状态指数、经济状态指数、可利用食物状态指数以及综合指标生计状态水平。在两个指数分别所包含的三部分内容中，每个指数均表示为给定区域农户的生计可持续性特征，最终的复合指数可以是三个组件指标的加权平均或一个简单平均，且每个基本组件均是由多个变量构成的。

通过上述方法测度农户生计的可持续性，不仅考虑了政府通过各项政策对农户生计的影响，而且还包含非政府组织、市场化机制干预等影响，甚至农户不同的资源利用模式也将影响最终生计效果。如国家重点生态功能区内，政府出台的严格的限制性政策和生态补偿政策，以及其产生的交互作用直接影响当地农户生计资产的获取途径、生计资产获取的保障机制和制度体系，突出强调了政府的政策设计和完善对保障当地农户可持续生计实现的重要作用。

第四章 农户可持续生计指标体系构建

本章以农户生计资本研究和农户可持续生计框架为基础,构建国家重点生态功能区农户可持续生计指标体系。在构建指标体系时,充分结合国家重点生态功能区的特殊性,并考虑了保护生态环境的各种国家政策和区域社会环境对农户生计的影响,从经济效率、社会公平和生态安全三个维度,对选定区域内的农户生计可持续性进行测度。

第一节 农户可持续生计指标体系构建原则

本书为构建科学有效的评价指标体系,从国内外学者对农户可持续生计的研究成果与实践中吸取经验,再结合研究区的实际现状,进行国家重点生态功能区的农户可持续生计指标选取,在评价指标设置中遵循了以下原则。

一 目标性原则

指标体系的构建需要有明确的目标性。国家重点生态功能区以可持续发展为根本目标,在保障农户可持续生计的同时保障生态系统功能的正常发挥,应以此明确的目标为导向进行指标选取和构建评价指标体系。目的性还要求指标设计时必须符合系统层和维度层所要达到的目的,每个子系统在整体评价指标体系中的作用不同,所构建的指标体系要能够切实反映每个子系统不同的功能。

二 科学性原则

科学性原则主要是在科学的理论指导下,以事实为依据,运用科学的研究方法来开展研究工作。首先,通过对国外农户生计指标相关文献及实践经验进行充分的研究，结合各生态功能区具体情况与现状来选取更具有科学性的指标，以保证研究成果与实际贴近。其次，在指标体系的权重确定过程中，需要有科学的研究方法，以体现不同的国家重点生态功能区的农户生计特征。最后，研究区域和研究对象的选定，需要运用科学的抽样方法来确定。

三　针对性原则

针对性原则主要是在指标体系构建之前，需要对农户生计资本指标以及国家重点生态功能区建设指标进行科学合理及有针对性的分析，并特别注意指标之间的相关性，既要涵盖系统层所需测量的重要内容，又要避免指标层中指标之间的重复交叉影响。从总体指标框架到具体指标，都应具体针对国家重点生态功能区的特征，形成逻辑层次清晰的指标体系。同时，针对不同类型的国家重点生态功能区设置不同权重，尽量实现指标与农户实际生计资本的对接，以确保在量化分析时能够区分不同区域农户家庭的生计能力水平。

四　特殊性原则

特殊性原则主要是指在设置国家重点生态功能区农户可持续生计指标体系时，应充分考虑国家对重点生态功能区的生态功能特殊性的战略性定位，在具体的指标选取时，重点应考虑能够反映国家针对生态脆弱性特征、增强生态功能服务实施的一系列特殊政策及实施的影响，进而设置能够充分体现这一特点的指标，如限制性政策或补偿性政策对农户生计影响的指标，这些特殊的指标对农户生计能力状况的反映至关重要。

第二节　研究区域选定及数据获取

通过构建农户可持续生计指标来评估生态政策约束对农户生计能力的影响，从而达到保护生态环境与改善农户生计和减贫的多目标。在国家重点生态功能区中，保护生态的限制性政策或补偿性政策对贫困人口生计状况与生计可持续能力产生至关重要的影响，并已成为这些区域能否实现脱贫与可持续发展的关键因素。因此，无论是从深入推进国家重点生态功能区的经济社会发展和提高农户可持续生计状况与能力，还是从平衡经济发展与生态环境保护的角度出发，深入研究国家重点生态功能区建设对农户生计能力的影响，并进行减贫效果的科学评估，这些政策均具有十分重要的意义。

测度国家重点生态功能区农户可持续生计能力，首先，需要按照科学的抽样方法，选定研究区域，作为案例区样本数据来源；其次，选取变量，对样本区域进行资料收集和数据整理，构建农户可持续生计测度指标体系，赋予指标合理的权重，从而对国家重点生态功能区农户生计可持续性或脱贫效果进行合理的评估。

一 研究区域及研究对象的选定

本书采用分层抽样的方法选取实证研究区域及研究对象。在具体从各级抽样单位中抽取下一级抽样单位时，考虑到不同的国家重点生态功能区之间的自然生态环境不同，且在同一生态功能区中差异不大，采取分层抽样，以保证抽取出的样本具有明显的代表性，大大提高抽样的精度。具体步骤为：

第一阶段：根据 2010 年《国务院关于印发全国主体功能区规划的通知》以及 2016 年新增纳入国家重点生态功能区的县（市、区、旗），将全国分为 25 个生态功能区，676 个县级行政区。将国家所划分的不同类型生态功能区作为一级抽样单位，对 25 个生态功能区进行编号，即 $A = \{A_1, A_2, A_3, \cdots, A_{25}\}$，从中随机抽取 4 个区域，随机抽中的区域为黄土高原丘陵沟壑水土保持生态功能区、甘南黄河重要水源补给生态功能区、秦巴生物多样性生态功能区与浑善达克沙漠化防治生态功能区，即一级抽样单位中所获得的样本。这四个区域为本书中农户可持续生计测度所确定的研究范围，具体研究对象为这四个区域包含的县域。

第二阶段：考虑到研究区域的典型性及研究对象数据的可获得性，再次选取黄土高原丘陵沟壑水土保持生态功能区作为重点研究区域，将该区域中所包含的县域作为二级抽样单位，并通过分层抽样来确定二级抽样样本。选用分层抽样法获得二级抽样样本，提高了总体的估计精度。

根据以上方法，对黄土高原丘陵沟壑水土保持生态功能区内 B_i 个县（市）进行抽样。首先，对所有 B_i 个县（市）进行编号，$B_i = \{b_1, b_2, b_3, \cdots, b_n\}$，其中，n 为黄土高原丘陵沟壑水土保持生态功能区包含的县（市）个数，在其中随机抽取一个县作为二级抽样的样本。按照该方法，最终确定山西省汾西县作为典型研究区域。

第三阶段：第三阶段的抽样类似于第二阶段，采用分层抽样法。不同的是三级抽样单位为山西省临汾市汾西县包含的所有村庄，对三级抽样单位继续按照第二阶段中所示的分层抽样方法，得到所需调研的村庄。调研村庄为该县域内圪台头村、佃评村等五个村庄。调研村庄确定后，在村干部的帮助下，可获得每个调研村庄的具体农户信息，按户主姓氏排列后，从第一户开始，每隔 10 户农户抽取一户作为入户调研对象。五个样本村中圪台头村是扶贫工作效果显著，也是提升贫困人口生计水平效果最佳的典型村。该村贫困户的致贫原因主要是生病、上学支出较大，缺资金、技术和劳力。在村主任的带领下，村中依靠外出务工增加家庭的工资性收入，解决了约20%贫困人口的生计问题。同时，作为山西省科技厅定点扶贫的村，科技扶贫也在该村的扶贫开发过程中取得了明显的效果，可以作为科技扶贫效果评估的典型研究区域。

二 研究数据的获取

本书数据主要来源于《中国县域统计年鉴》以及生态环境部和财政部等相关信息统计网站。《中国县域统计年鉴》包括全国各个县域经济、生态及社会方面的数据统计，如公共教育、医疗卫生、金融信息等具体数据，是较全面的县域信息统计资料，对实证研究具有重要意义。而通过实地调研可以加深对所研究区域概况的了解，并获取一些诸如人均非农产业增加值、信息获取能力、教育机会、金融机会等通过年鉴和网站难以直接获取的数据。另外，秦巴生物多样性生态功能区每个县域自然保护区面积数据来源于生态环境部发布的《国家自然保护区名录》。

三 数据标准化处理

数据的处理和分析是量化研究的基础。原始数据会存在量纲与数量级不同的问题，造成数据间无法比较的后果，直接增加了数据分析的难度，还会对计算结果产生影响，增加结论的不准确性。因此，为避免这种情况的发生，在进行评估之前，必须先对原始数据进行标准化处理。本书采用最大—最小准则标准化方法，将数据转化到 [0, 1] 区间内。具体标准化公式为：

$$index_{xdij} = \frac{X_d - X_{jmin}}{X_{jmax} - X_{jmin}}$$

其中，$index_{xdij}$ 为第 i 个样本第 j 个指标的标准化值，X_d 为原始数据，X_{jmin} 为第 j 个次级指标中原始数据的最小值，X_{jmax} 为第 j 个次级指标中原始数据的最大值。

第三节 农户可持续生计指标体系的构建

根据农户可持续生计的内涵和农户可持续生计研究框架，本书构建的农户可持续生计指标应包括经济效率、社会公平与生态安全三个维度 16 个指标，以反映区域农户可持续生计状况。其中，经济效率主要衡量了产业效率与发展潜力，生态安全主要衡量了资源禀赋状况与环境压力状况，社会公平主要衡量了财政自给率与公共服务能力。

一 经济效率

经济效率包括非农产业发展效率、农业产业发展效率和潜在发展能力。其中，非农产业发展效率包括人均非农产业增加值、信息获取能力和产业结构，农业产业发展效率包括人均第一产业增加值和人均非传统农业面积比重，潜在发展能力包括教育机会与金融机会。

在所抽取的国家重点生态功能区内，各县域的产业结构基本呈现出"二三一"的特征，即第二产业占主导地位，第三产业和第一产业次之。因此，从非农产业发展效率、农业产业发展效率和潜在发展能力三个层面构建准则层指标，可以全面衡量国家重点生态功能区农户生计的经济发展效率水平。

1. 非农产业发展效率

非农产业即除农、林、牧、副、渔以外的产业，主要为第二产业和第三产业。本书重点考虑了人均非农产业增加值、信息获取能力和产业结构三个具体指标。具体而言，人均非农产业增加值是地区非农产业增加值与该地区年末总人口的比值，人均非农产业增加值越大，表明该地区第二、第三产业发展较快，经济发展水平较高。信息获取能力即个体或家庭与外界信息交流的能力。鉴于国家重点生态功能区经济发展水平滞后，通信基础设施相对缺乏，因此采用地区拥有的固定电话数量衡量信息获取能力。通过第二产业增加值与第一产业增加值的比值来测度产业结构的合理性，比值越大，说明地区产业结构中第二产业占主要地位，非农产业发展能力较强，反之则非农产业发展能力较弱。

2. 农业产业发展效率

农业产业发展效率从传统农业和非传统农业两个方面来研究。在传统农业发展方面，主要考察人均第一产业增加值的大小，数值越大表明地区第一产业发展速度较快。该指标具体计算为第一产业增加值与乡村总人口数的比值。在非传统农业发展方面，由于技术进步，农业生产力水平大幅提高。农户使用动力机械收获各类农作物，通过建造温室、大棚和中小棚改善了农作物的生长环境，有效提高了农作物产量。因此，通过人均非传统农业面积比重来体现技术进步对农业发展效率的推动作用。该指标具体计算为（机收面积＋设施农业面积）/土地面积。

3. 潜在发展能力

潜在发展能力即尚未开发出来且在未来可能带来一定经济利益的发展可能性。潜在发展能力主要用来度量国家重点生态功能区农户生计可持续发展潜能，从教育和金融两个方面考察。用中学在校生人数与年末总人口的比值来衡量地区学生接受教育机会的程度，用城乡居民人均存款余额与人均贷款余额的比值即人均存贷比衡量地区获得金融机会的大小。教育机会和金融机会的值越大，表明地区潜在发展能力越强，从而经济效率越高。

二　社会公平

社会公平涉及再分配的问题，财政支付与福利水平是体现国民收入再分配和社会公平的重要内容。因此，在社会公平方面，本书选取医疗服务能力、财政支持力与社会福利机构服务能力为准则层指标。

1. 医疗服务能力

医疗服务是每个农户可以享受的基本社会公共服务之一。医生数和医院床位数是农户获得基本医疗服务的保障，用每千人医院床位数可以直接反映农村医疗服务能力水平的高低，其中医院床位数指各级各类医院年底的固定实有床位数。

2. 财政支持力

由于财政自给率可以反映各级政府实际的财政收支平衡状况，衡量一个地区发展健康与否，所以用财政自给率这一指标来度量国家重点生态功能区内县级市的财政支持力。财政自给率是指地方公共财政收入与支出的比值，比值越大，说明该县政府存在财政赤字，政府财政负担压力较重，从而财政支持能力较弱，反之，说明该县政府存在财政盈余，有足够的能力为社会提供产品与服务，从而财政支持能力较强。

3. 社会福利机构服务能力

用社会福利机构单位数和每千人社会福利机构单位床位数两个指标度量社会福利机构服务能力。社会福利机构单位是能够提供食宿、不以盈利为目的的农村社会福利院、儿童福利院、精神病福利院等收养性的社会福利机构。如果一个地区社会福利机构单位数和这些机构提供的床位数越多，那么该地区就越有能力容纳老弱病残等需要社会帮扶的群体。

三　生态安全

资源与环境是生态安全的重要体现。本书主要从环境压力与资源禀赋两个维度衡量生态安全。其中，资源禀赋状况选取了土地面积与禁止开发面积两个指标，在国家重点生态功能区，存在部分禁止开发区域，减少了当地农户开发利用的土地资源面积。环境压力方面包括人口密度、经济密度与投资强度三个指标,反映了经济发展对环境带来的压力。

1. 资源禀赋

土地是一个地区最重要的生产要素之一,因此利用行政区内土地面积衡量地区土地资源禀赋的水平。国家重点生态功能区内拥有各类国家级自然保护区和省级自然保护区,同时自然保护区内生物种群丰富、资源条件较好,可以从自然保护区面积占行政区土地面积,即禁止开发区域面积占比这一指标衡量地区资源禀赋。

2. 环境压力

从人口密度、经济密度和投资强度三个方面衡量国家重点生态功能区的环境压力。人口密度用来反映人类对整个生态安全造成的压力。经济密度用来反映地区经济增长建立在城市建设用地不断增加、农户耕地面积不断减少的基础上,经济发展对土地产生了一定的压力,因此利用单位土地对应的 GDP 反映经济密度,从而体现经济增长对环境产生的压力。对于投资强度而言,每年固定资产投资额的数量可以侧面反映经济运行活力,因此用单位土地对应的固定资产投资额反映地区投资强度,衡量其对环境承载造成的压力。

综上所述,将国家重点生态功能区农户可持续生计指标体系汇总如下(见表4-1)。

表4-1　　国家重点生态功能区农户可持续生计指标体系

目标层	调控层	准则层	指标层	指标计算	指标方向
国家重点生态功能区农户可持续生计指标体系	经济效率(EEI)	非农产业发展效率	人均非农产业增加值	(地区总产值-第一产业增加值)/年末总人口	正向
			信息获取能力	固定电话数量	正向
			产业结构	第二产业增加值/第一产业增加值	正向
		农业产业发展效率	人均第一产业增加值	第一产业增加值/乡村人口总数	正向
			人均非传统农业面积比重	(机收面积+设施农业面积)/土地面积	正向

续表

目标层	调控层	准则层	指标层	指标计算	指标方向
国家重点生态功能区农户可持续生计指标体系	经济效率（EEI）	潜在发展能力	教育机会	中学在校生人数/年末总人口	正向
			金融机会	人均存贷比	正向
		医疗服务能力	每千人医院床位数	医院床位数/年末总人口×1000	正向
	社会公平（SEI）	财政支持力	财政自给率	公共财政收入/公共财政支出	正向
		社会福利机构服务能力	每千人社会福利机构单位数	社会福利机构单位数/年末总人口×1000	正向
			每千人社会福利机构单位床位数	社会福利机构单位床位数/年末总人口×1000	正向
	生态效率（ESI）	资源禀赋	土地面积	行政区内土地面积	正向
			禁止开发区域面积占比	自然保护区面积/行政区土地面积	负向
		环境压力	人口密度	年末人口/土地面积	负向
			经济密度	年末GDP/土地面积	负向
			投资强度	固定资产投资额/土地面积	负向

第四节 农户可持续生计安全指数计算

可持续生计安全指数最早是由 Swaminathan（1991）提出的，是一种广义上的人类发展指数（UNDP，1992），可以用来测量给定地区或生态系统的可持续状态（L. D. Hatai，C. Sen，2008）。根据农户可持续生计指标体系及确定的权重构建可持续生计安全指数（SLSI），以评估给定地区或生态系统的农户可持续生计状态。

一 数据标准化处理

本书所采用联合国开发计划署人类发展指数的方法对数据进行标准

化。为了保证每组数据的可用性，将收集到的原始数据列入矩阵，行代表区域 j（$j=1, 2, 3, \cdots, n$）；列代表指标 i（$i=1, 2, 3, \cdots, m$）；x_{ij} 指第 j 个地区的第 i 个指标。

对于正向指标，可用下式进行标准化：

$$x_{ij} = \frac{x_{ij} - \min_j x_{ij}}{\max_j x_{ij} - \min_j x_{ij}}$$

对于负向指标，可采用下式进行标准化：

$$x_{ij} = \frac{\max_j x_{ij} - x_{ij}}{\max_j x_{ij} - \min_j x_{ij}}$$

二 农户可持续生计安全指数的计算方法

本书中构建的农户可持续生计安全指数由经济效率指数（EEI）、社会公平指数（SEI）和生态安全指数（ESI）组成，且农户可持续生计安全指数与经济效率指数、社会公平指数、生态安全指数呈正向变动关系，即经济效率、社会公平和生态安全水平越高，农户可持续生计安全水平越高。

经济效率指数、社会公平指数和生态安全指数的评价值由准则层的指数（非农产业发展效率、农业产业发展效率、潜在发展能力、医疗服务能力、财政支持力、社会福利机构服务能力、资源禀赋和环境压力）相加所得，准则层的指数通过加权求和的方法分别计算得出，具体计算步骤如下。

(1) 通过指标层变量的加权求和得到准则层 k（$k=1, 2, \cdots, 8$）的指数值，其计算公式为：

$$x_{jk} = \sum_i \omega_{ik} \cdot x_{ijk}$$

其中，x_{jk} 为地区 j 准则层 k 的指数值，x_{ijk} 为地区 j 准则层第 i 个指标的标准化值，ω_{ik} 为准则层 k 第 i 个指标的权重。

(2) 准则层指数相加得到经济效率指数、社会公平指数和生态安全指数的值。具体计算公式为：

$$EEI_j = \sum_{k=1}^{3} x_{jk} = \sum_{i=1}^{7} \omega_i x_{ij}$$

$$SEI_j = \sum_{k=4}^{6} x_{jk} = \sum_{i=8}^{11} \omega_i x_{ij}$$

$$ESI_j = \sum_{k=7}^{8} x_{jk} = \sum_{i=12}^{16} \omega_i x_{ij}$$

其中，EEI_j 为第 j 个地区经济效率指数，SEI_j 为第 j 个地区社会公平指数，ESI_j 为第 j 个地区生态安全指数。

（3）根据调控层经济效率指数、社会公平指数和生态安全指数计算第 j 个地区农户可持续生计安全指数（$SLSI$）的值。具体计算公式为：

$$SLSI_j = EEI_j + SEI_j + ESI_j$$

第五章　国家重点生态功能区农户可持续生计安全指数测度

根据第四章构建的国家重点生态功能区农户可持续生计安全指数，本章重点对选定的四个国家重点生态功能区，即黄土高原丘陵沟壑水土保持生态功能区（以下简称黄土高原生态功能区）、浑善达克沙漠化防治生态功能区（以下简称浑善达克生态功能区）、甘南黄河重要水源补给生态功能区（以下简称甘南黄河生态功能区）与秦巴生物多样性生态功能区（以下简称秦巴生态功能区）的农户可持续生计安全指数进行定量测度。

第一节　黄土高原生态功能区农户可持续生计安全指数测度

黄土高原生态功能区水土流失严重，县域经济发展相对落后，当地农户的可持续生计安全受到严峻的挑战，本书以黄土高原生态功能区44个县为研究区域，从经济效率、生态安全与社会公平3个维度16个指标对该区域的可持续生计安全指数进行测算。

一　黄土高原生态功能区简介

（一）研究区域基本概况

黄土高原生态功能区位于我国中部偏北部，总面积112050.5平方千米，占山西省、陕西省、甘肃省和宁夏回族自治区（以下简称宁夏）四省区国土面积的65.95%，总人口1085.6万。按照《全国主体功能区规划》，黄土高原生态功能区包括山西省的18个县、陕西省的10个县、甘肃省的9个县和宁夏的7县1区①（以下简称山西18县、陕西10县、甘肃9县和宁夏7县1区）。该区域地处干旱气候、半干旱气候向半湿润气候的过渡地带，特殊的地理位置决定了其气候的独特性，常年降水稀少且季节分配不均，该功能区内年降水量为200—750毫米，60%—70%的降雨集中在7—9月。黄土高原生态功能区黄土堆积深厚、范围广，水土流失敏感程度高，对黄河中下游生态安全具有重要作用。但是，近年来随着经济和社会的不断发展，人口的逐渐增多，黄土高原生态功能区人口与资源、环境问题日益突出，生态环境不断恶化，给农户生计也带来了负面影响，进一步催生了经济、社会和资源环境问题的产生，在一定程度上制约了可持续发展目标的实现。

（二）研究区域的经济、社会、生态环境状况

1. 生态环境状况

黄土高原生态功能区内矿产资源丰富，主要有煤、石油和天然气等，其中煤炭资源储量和产量均位居全国第一，煤炭资源不仅量大质优，同时具备较好的开采条件，可供露天开采的煤炭储量高达200亿吨。该生态功能区内有国家级自然保护区8处②，省级自然保护区8处③，国家级森林公园4处④，分布在山西、甘肃、宁夏境内，各类自

---

① 山西18县包括五寨县、岢岚县、河曲县、保德县、偏关县、吉县、乡宁县、蒲县、大宁县、永和县、隰县、中阳县、兴县、临县、柳林县、石楼县、汾西县和神池县；陕西10县包括子长县、安塞县、志丹县、吴起县、绥德县、米脂县、佳县、吴堡县、清涧县和子洲县；甘肃9县包括庆城县、环县、华池县、镇原县、庄浪县、静宁县、张家川回族自治县、通渭县和会宁县；宁夏7县和1区包括彭阳县、泾源县、隆德县、盐池县、同心县、西吉县、海原县和红寺堡区。

② 国家级自然保护区共8处，其中宁夏境内有5处：宁夏火石寨丹霞地貌国家级自然保护区、宁夏南华山国家级自然保护区、宁夏罗山国家级自然保护区、宁夏六盘山国家级自然保护区和宁夏哈巴湖国家级自然保护区；山西境内有3处：山西五鹿山国家级自然保护区、山西黑茶山国家级自然保护区和山西芦芽山国家级自然保护区。

③ 自然保护区8处，其中宁夏境内有1处：宁夏党家岔自然保护区；山西境内有6处：山西尉汾河自然保护区、山西团圆山自然保护区、山西薛公岭自然保护区、山西贺家山自然保护区、山西人祖山自然保护区和山西管头山自然保护区；甘肃境内1处：甘肃合水子午岭自然保护区。

④ 国家森林公园4处：山西管涔山国家森林公园、宁夏六盘山国家森林公园、甘肃周祖陵国家森林公园和甘肃云崖寺国家森林公园。

然保护区和国家级森林公园总面积687.84平方千米。由于日照时间充足、昼夜温差大、土层深厚、气候干燥、病虫害少等自然优势，加之工业少而生态环境污染较轻，黄土高原生态功能区成为我国生产无公害水果的适宜产区。虽然拥有丰富的自然资源和独特的区位条件，但是因为一些自然地理因素和不合理的人类活动，其生态环境面临严峻的挑战。

黄土高原水土流失面积广、强度大，既有自然因素，也有人为因素。从自然因素来看，黄土高原地形千沟万壑、黄土分布面积广、厚度大、土质疏松、地面坡度既陡又长、降雨量集中且猛烈、植被覆盖率低（天然林占总面积的6%，到处是光山秃岭），短时间内的强暴雨冲刷侵蚀土壤。从人为因素来看，过度开垦、过度放牧和过度伐林，以及对土地的不合理利用破坏了地表植被，同时丰富的矿产资源带来了矿业的迅速发展，各种矿渣和土石直接倾入河谷之中。黄土高原水土流失面积占土地总面积的70.9%，每年人为造成新的水土流失面积为900—1100平方千米，每年入黄泥沙达16亿吨，经过60多年的水土保持生态环境建设，虽然现在每年减少入黄泥沙3亿吨，但导致水土流失发生的环境侵蚀并未改变，总体生态环境仍在继续恶化。水土流失引发一系列环境问题，造成土壤肥力急剧下降，土壤干旱硬化，保水保肥能力下降，从而粮食产量减少，严重影响到农业生产。水土流失引发的生态环境问题，也对黄河下游地区的生态安全构成威胁。黄土高原严重的土地沙漠化和荒漠化不仅严重威胁当地农户的生活安全，而且制约区域社会经济发展。

2. 经济发展状况

（1）经济发展落后，低于全国平均水平。2014年，黄土高原生态功能区生产总值约为2375亿元，人均GDP为21435元，不及当年国内人均GDP的一半，经济发展比较落后，山西18县、陕西10县、甘肃9县和宁夏7县1区整体生产总值分别在山西、陕西、甘肃和宁夏经济总量中所占的比重较低。山西共有85个县，陕西有80个县、甘肃有86个县、宁夏有11县9区。山西18县占其县总数量的21.2%，陕西10县占其县总数量的12.5%，甘肃9县占其县总数量的10.5%，宁夏7县1区占其县区总数量的40%。但是，山西18县GDP仅占山西GDP总量的5.95%，陕西10县GDP仅占陕西GDP总量的4.63%，甘肃9县GDP仅占甘肃GDP总量的7.93%，而宁夏7县1区GDP仅占宁夏GDP总量的9.26%，具体情况如表5-1所示。

表5-1 2014年44县1区GDP及占各自省和自治区GDP的比重

单位：亿元，%

地区	地区GDP	全省（自治区）GDP	占比
山西18县	759.14	12759.44	5.95
陕西10县	819.17	17689.94	4.63
甘肃9县	541.90	6835.27	7.93
宁夏7县1区	254.79	2752.10	9.26

从各县区比较来看，陕西10县GDP值最高，为819.17亿元，占黄土高原生态功能区GDP总额的34%；宁夏7县1区GDP值最低，为254.79亿元，占黄土高原生态功能区GDP总额的11%，其中陕西吴起县GDP值在各县中最高，约为211.51亿元，山西大宁县GDP值最低，仅有约4.78亿元，两者GDP差额高达206.73亿元。陕西有3个县的地区生产总值超过100亿元，而最低的吴堡县不足20亿元。可见，黄土高原生态功能区不仅各省份之间经济发展差距较大，而且同省范围内不同县域经济体之间也存在较大差别。部分区县的具体情况如图5-1所示。

从人均GDP看，山西18县、陕西10县、甘肃9县、宁夏7县1区的人均GDP分别是23629元、44103元、21013元和15541元，分别相当于山西人均GDP（35070元）的67.4%、陕西人均GDP（46929元）的94.0%、甘肃人均GDP（26433元）的79.5%和宁夏人均GDP（41834元）的37.1%。此外，除陕西10县人均GDP接近全国人均GDP（46531元）外，山西18县、甘肃9县和宁夏7县1区人均GDP均大幅低于全国平均水平。可见，黄土高原生态功能区内各县域经济体不仅与本省相比经济发展滞后，而且也落后于全国。

会宁县 572158
通渭县 339508
张家川回族自治县 250205
静宁县 421263
庄浪县 358141
镇原县 626981
华池县 994014
环县 824087
庆城县 1032659

甘肃9县（万元）

子洲县 522600
清涧县 392234
吴堡县 178100
佳县 414700
米脂县 486560
绥德县 540584
吴起县 2115141
志丹县 1666192
安塞县 1064380
子长县 811240

陕西10县（万元）

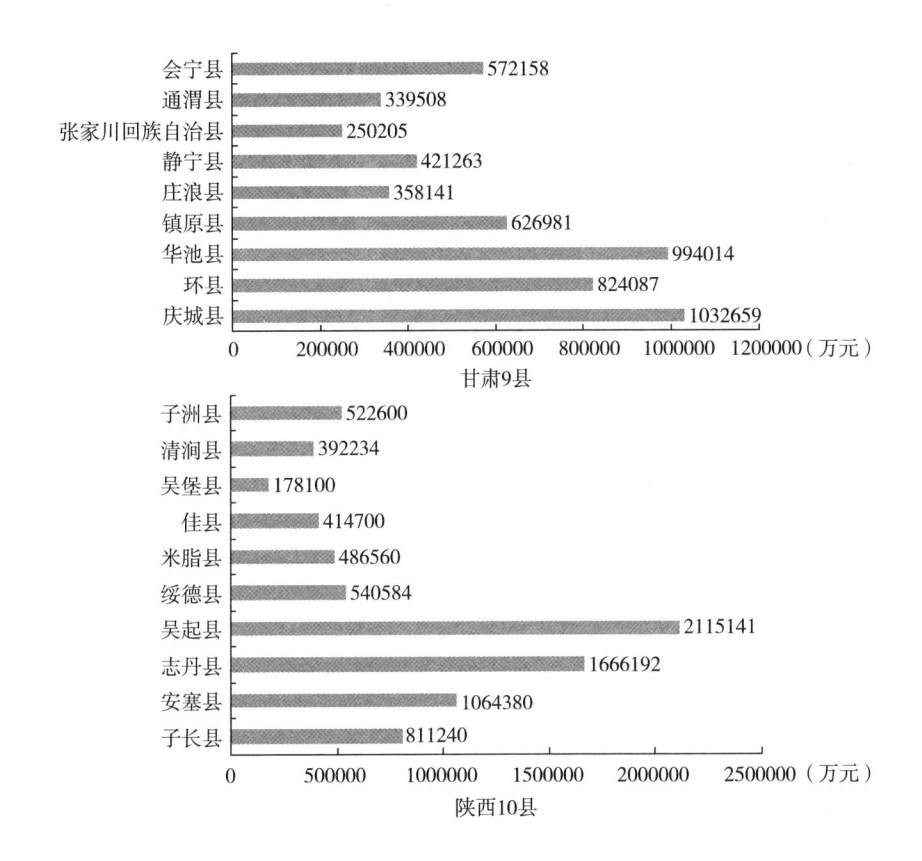

图 5-1 黄土高原生态功能区内部分县区 GDP

采用经济发展差距指标来分析各县经济发展与各省经济平均水平及全国经济平均水平的差距。经济发展差距指标 =（各县区人均 GDP/各省区或者全国人均 GDP - 1）×100%。计算结果表明，各县区经济发展水平与各省区平均水平相比存在较大差距，山西18县、陕西10县、甘肃9县和宁夏7县1区均有过半县域与各省区的经济发展差距指标在 -50% 左右。与全国相比，经济发展差距水平更大。经济差距最大的大宁县，与山西、全国的经济发展差距指标分别为 -80.55% 和 -86.20%；而志丹县和吴起县，因为石油资源丰富，经济发展水平较高，分别是全国平均水平的1.1倍和1.9倍（见表5-2）。

表 5-2　　黄土高原生态功能区内部的经济差异测度　　单位：元，%

省份	地区	人均GDP	与山西差距	与全国差距
山西18县	五寨县	16215	-53.80	-67.22
	岢岚县	20817	-40.68	-57.92
	河曲县	46703	33.08	-5.60
	保德县	36914	5.18	-25.39
	偏关县	23681	-32.52	-52.13
	吉县	17015	-51.52	-65.61
	乡宁县	36272	3.35	-26.68
	蒲县	47715	35.96	-3.55
	大宁县	6826	-80.55	-86.20
	永和县	10916	-68.90	-77.94
	隰县	11496	-67.24	-76.76
	中阳县	38205	8.86	-22.78
	兴县	19464	-44.54	-60.66
	临县	6841	-80.51	-86.17
	柳林县	48645	38.61	-1.67
	石楼县	7249	-79.34	-85.35
	汾西县	12598	-64.10	-74.54
	神池县	17753	-49.41	-64.12
陕西10县	子长县	30046	-37.58	-39.27
	安塞县	56020	16.38	13.23
	志丹县	104137	116.34	110.49
	吴起县	143302	197.70	189.66
	绥德县	15016	-68.81	-69.65
	米脂县	22116	-54.06	-55.30
	佳县	15359	-68.09	-68.95
	吴堡县	19789	-58.89	-60.00
	清涧县	17829	-62.96	-63.96
	子洲县	17420	-63.81	-64.79

续表

省份	地区	人均GDP	与山西差距	与全国差距
甘肃9县	庆城县	35609	35.86	-28.02
	环县	23545	-10.17	-52.41
	华池县	76463	191.73	54.56
	镇原县	11830	-54.86	-76.09
	庄浪县	7959	-69.63	-83.91
	静宁县	8597	-67.20	-82.62
	张家川回族自治县	7359	-71.92	-85.13
	通渭县	7716	-70.56	-84.40
	会宁县	10038	-61.70	-79.71
宁夏7县1区	彭阳县	19028	-56.77	-61.54
	泾源县	11817	-73.15	-76.11
	隆德县	11880	-73.01	-75.99
	盐池县	37808	-14.10	-23.58
	同心县	13665	-68.95	-72.38
	西吉县	12849	-70.81	-74.03
	海原县	9669	-78.03	-80.46
	红寺堡区	7610	-82.71	-84.62

（2）产业结构失调且层次较低。从生产总值构成来看，黄土高原生态功能区各县区产业结构失调且发展层次较低。从产业结构来看，山西18县、宁夏7县1区、陕西10县和甘肃9县区的第一产业比重高出全国7.3个、山西10.3个百分点；高出全国14.8个、宁夏16.1个百分点；高出全国2.5个、陕西2.9个百分点；高出全国12.3个、甘肃8.3个百分点。除陕西10县的第二产业比重高出全国10.2个百分点外，山西18县、宁夏7县1区和甘肃9县第二产业比重均低于全国平均水平，其中宁夏7县1区平均第二产业比重低于全国7.5个百分点。从第三产业比重来看，山西18县、宁夏7县1区、陕西10县和甘肃9县第三产业比重均低于本省和全国平均水平，山西18县低于本省2.1个、全国5.8个百分点，宁夏7县1区低于宁夏2.5个、

全国 7.3 个百分点，陕西 10 县低于本省 1.5 个、全国 12.7 个百分点，甘肃 9 县低于本省 7.4 个、全国 11.6 个百分点。各县区产业结构数据如表 5-3 所示。

表 5-3　　黄土高原生态功能区内各县区产业结构情况　　单位：%

省份	地区	第一产业占比	第二产业占比	第三产业占比
山西 18 县	五寨县	26.8	8.9	64.3
	岢岚县	19.8	21.5	58.7
	河曲县	5.0	66.7	28.3
	保德县	6.3	72.9	20.8
	偏关县	17.0	32.1	50.9
	吉县	29.6	45.6	24.8
	乡宁县	3.3	75.2	21.5
	蒲县	3.8	78.1	18.1
	大宁县	32.7	10.1	57.2
	永和县	38.0	10.6	51.4
	隰县	27.7	15.9	56.4
	中阳县	2.4	75.2	22.4
	兴县	7.2	73.9	18.9
	临县	21.4	32.5	46.1
	柳林县	1.3	76.2	22.5
	石楼县	31.3	8.6	60.1
	汾西县	15.9	33.8	50.3
	神池县	7.3	2.0	90.7
陕西 10 县	子长县	9.0	67.4	23.6
	安塞县	7.5	73.2	19.3
	志丹县	1.4	87.9	10.7
	吴起县	5.2	73.9	20.9
	绥德县	2.0	57.1	40.9
	米脂县	14.8	26.8	58.4
	佳县	26.6	30.9	42.5
	吴堡县	17.9	37.1	45.0
	清涧县	24.9	32.9	42.2
	子洲县	7.9	40.7	51.4

续表

省份	地区	第一产业占比	第二产业占比	第三产业占比
甘肃9县	庆城县	8.4	74.7	16.9
	环县	10.8	62.3	26.9
	华池县	5.0	83.3	11.7
	镇原县	23.9	43.5	32.6
	庄浪县	34.2	26.6	39.2
	静宁县	38.9	32.5	28.6
	张家川回族自治县	12.9	11.5	75.6
	通渭县	30.9	12.4	56.7
	会宁县	28.4	29.9	41.7
宁夏7县1区	彭阳县	29.4	33.3	37.3
	泾源县	19.6	32.5	47.9
	隆德县	23.6	28.0	48.4
	盐池县	9.5	55.8	34.7
	同心县	23.9	39.8	36.3
	西吉县	27.7	22.0	50.3
	海原县	28.5	26.2	45.3
	红寺堡区	30.1	43.4	26.5

根据以上分析可得，黄土高原生态功能区经济结构不合理主要表现在：第一产业比重较高，附加值低；第二产业均为初级加工产业，技术含量低；第三产业落后且发展缓慢。具体而言，因煤炭资源极其丰富，区域工业长期以采掘业和原材料加工等重工业为主，产业结构处于初级化阶段，产业链单一，产品附加值低，经济效益较差。区域内农业长期以种植业为主，大部分耕地基本采用粗放经营的方式，加之水土流失严重，单位农作物产量和人均耕地面积均低于全国平均水平。由于加工业技术和农业集约化生产水平不高，第三产业发展水平落后，整体区域表现为高耗能、高成本、低效益，资源环境承载压力较高。

（3）居民收入水平低，贫困程度深。从城乡居民人均可支配收入看，山西18县、甘肃9县和宁夏7县1区城乡居民人均可支配收入水平均低于本省和全国平均水平，其中山西 18 县的城镇居民人均可支配收入仅为山西的 77.6%、全国的 64.8%，农村居民人均可支配收入仅为山西的 56.0%、全国的 47%，为四省最低值。此外，虽然陕西 10 县的城乡居民人均可支配收入水平高于本省平均水平，但是其农村居民可支配收入为全国平均水平的 85.9%。城乡居民生活水平普遍较低，远落后于全国其他地区。

从贫困程度来看，黄土高原生态功能区有 37 个国家级扶贫开发重点县，占区域县总数的 82.2%，其中宁夏辖区内的所有县均为国家重点贫困县，山西的国家级贫困县主要分布于黄河流域、太行山一带，陕西的国家级贫困县分布于陕北老区，甘肃的国家级贫困县集中于河西走廊以南，宁夏的国家级贫困县集中于六盘山区、干旱地带。可见，黄土高原生态功能区的绝大部分区域都属于深度贫困地区。

(三) 社会公共服务状况

黄土高原生态功能区共有 1342310 名学生在读，其中小学在校生 719735 名，占学生总数的 53.6%，中等职业教育学校在校生 66884 名，占学生总数的 5%，普通中学在校生 555691 名，占学生总数的 41.4%。从各省区学生分布来看，甘肃 9 县在读学生总人数最多，占区内全部学生总数的 37%；陕西 10 县在读学生总人数最少，仅占全部学生总数的 15.3%。从学生类型来看，接受中等职业教育的学生数量最少，而小学生数量最多。

综上分析，黄土高原生态功能区 44 县 1 区在可持续发展方面存在的主要问题有：生态环境方面，水土流失面积广、强度大，矿区工业污染严重；经济发展方面，经济总量小、水平低、产业结构失调且层次低，城乡居民人均收入水平低，贫困程度广、范围大；公共社会事业方面，职业教育和高等教育水平较低。

二 黄土高原生态功能区农户可持续生计指标体系构建

根据农户可持续生计安全指数计算方法和权重设计要求，结合黄土高原生态功能区自然和社会、经济状况，分别计算得出指标层 16 个指标的权重，如表 5-4 所示。

表5-4 黄土高原生态功能区农户可持续生计指标体系及权重值

目标层	调控层	准则层	指标层
黄土高原生态功能区农户可持续生计指标体系	经济效率 EEI (0.398)	非农产业发展效率 (0.170)	人均非农产业增加值 ($\omega_1 = 0.054$)
			信息获取能力 ($\omega_2 = 0.057$)
			产业结构 ($\omega_3 = 0.059$)
		农业产业发展效率 (0.113)	人均第一产业增加值 ($\omega_4 = 0.053$)
			人均非传统农业面积比 ($\omega_5 = 0.060$)
		潜在发展效率 (0.115)	教育机会 ($\omega_6 = 0.070$)
			金融机会 ($\omega_7 = 0.045$)
	社会公平 SEI (0.256)	医疗服务能力 (0.054)	每千人医院床位数 ($\omega_8 = 0.054$)
		财政支持力 (0.078)	财政自给率 ($\omega_9 = 0.078$)
		社会福利机构服务能力 (0.124)	社会福利机构单位数 ($\omega_{10} = 0.060$)
			每千人社会福利机构单位床位数 ($\omega_{11} = 0.064$)
	生态安全 EEI (0.346)	资源禀赋 (0.167)	土地面积 ($\omega_{12} = 0.062$)
			禁止开发面积 ($\omega_{13} = 0.105$)
		环境压力 (0.179)	人口密度 ($\omega_{14} = 0.070$)
			经济密度 ($\omega_{15} = 0.049$)
			投资强度 ($\omega_{16} = 0.060$)

三 黄土高原生态功能区农户可持续生计安全指数测度结果

根据农户可持续生计安全指数的测度方法,对黄土高原生态功能区中 45 个县区的经济效率指数、社会公平指数、生态安全指数以及农户可持续生计安全指数(见表 5-5)进行分析,并根据指数大小运用自然断点分级法,将其分为四个级别(高度、中度、次中度和低度)。

黄土高原生态功能区农户可持续生计安全指数的取值范围为 [0.2686, 0.5719]。其中,陕西吴起县的农户可持续生计安全指数为 0.5719,排名最高;山西保德县的农户可持续生计安全指数为 0.2686,排名最低。具体排名由高到低的顺序为:吴起县、志丹县、环县、会宁县、镇原县、岢岚县、安塞县、乡宁县、彭阳县、盐池县、神池县、华池县、通渭县、永和县、静宁县、庆城县、汾西县、柳林县、西吉县、子长县、海原县、庄浪县、河曲县、偏关县、绥德县、蒲县、清涧县、大宁县、临县、隆德县、子洲县、张家川回族自治县、吴堡县、米脂县、中阳县、同心县、泾源县、五寨县、佳县、吉县、石楼县、隰县、兴县、保德县。

从分级上看,黄土高原生态功能区内 45 个县区的经济效率、社会公平与生态安全水平大都处于中间级别,即第二层级与第三层级,且各县区的经济效率、社会公平和生态安全水平之间存在差异。例如,庆城县的经济效率处于次中度层级,社会公平处于中度层级,生态安全优于经济效率与社会公平,处于高度层级。

表 5-5 黄土高原生态功能区农户可持续生计安全指数测度结果

省份	县域名称	经济效率 EEI	社会公平 SEI	生态安全 ESI	可持续生计安全指数 SLSI
甘肃9县	庆城县	0.1261	0.0362	0.2502	0.4125
	环县	0.0998	0.0811	0.3359	0.5168
	华池县	0.1345	0.1284	0.1828	0.4456
	镇原县	0.1354	0.0904	0.2532	0.4787
	庄浪县	0.1204	0.0765	0.2025	0.3994

续表

省份	县域名称	经济效率 EEI	社会公平 SEI	生态安全 ESI	可持续生计安全指数 SLSI
甘肃9县	静宁县	0.1117	0.0816	0.2249	0.4181
	张家川回族自治县	0.0934	0.0532	0.2076	0.3543
	通渭县	0.1195	0.0543	0.2596	0.4334
	会宁县	0.1318	0.0644	0.3039	0.5000
宁夏7县1区	彭阳县	0.1413	0.0609	0.2656	0.4678
	泾源县	0.0808	0.0485	0.2042	0.3335
	隆德县	0.1280	0.0990	0.1319	0.3589
	盐池县	0.1082	0.0704	0.2775	0.4561
	同心县	0.0598	0.0394	0.2395	0.3381
	西吉县	0.1436	0.0306	0.2316	0.4059
	海原县	0.0994	0.0146	0.2899	0.4040
	红寺堡区	0.1698	0.0809	0.2774	0.4889
山西18县	五寨县	0.1146	0.0542	0.1614	0.3302
	岢岚县	0.1147	0.0835	0.2785	0.4767
	河曲县	0.1184	0.0754	0.2019	0.3957
	保德县	0.0975	0.0866	0.0845	0.2686
	偏关县	0.0873	0.0358	0.2726	0.3956
	吉县	0.0932	0.0473	0.1786	0.3191
	乡宁县	0.1220	0.1079	0.2433	0.4732
	蒲县	0.0973	0.1162	0.1616	0.3751
	大宁县	0.0555	0.0341	0.2711	0.3606
	永和县	0.0706	0.0808	0.2797	0.4311
	隰县	0.0721	0.0307	0.1731	0.2760
	中阳县	0.1201	0.0741	0.1449	0.3390
	兴县	0.0519	0.0405	0.1832	0.2756
	临县	0.0890	0.0319	0.2389	0.3597
	柳林县	0.1873	0.1058	0.1151	0.4082
	石楼县	0.0616	0.0131	0.2186	0.2933
	汾西县	0.1328	0.0491	0.2273	0.4093
	神池县	0.1149	0.0682	0.2673	0.4505

续表

省份	县域名称	经济效率 EEI	社会公平 SEI	生态安全 ESI	可持续生计安全指数 SLSI
陕西10县	子长县	0.1107	0.0552	0.2389	0.4049
	安塞县	0.1167	0.1020	0.2559	0.4746
	志丹县	0.1293	0.1320	0.2597	0.5209
	吴起县	0.1868	0.1301	0.2546	0.5719
	绥德县	0.0869	0.0795	0.2288	0.3952
	米脂县	0.0708	0.0456	0.2245	0.3409
	佳县	0.0595	0.0178	0.2472	0.3244
	吴堡县	0.0604	0.0777	0.2096	0.3476
	清涧县	0.0647	0.0391	0.2572	0.3611
	子洲县	0.0572	0.0464	0.2531	0.3567

注：因四舍五入导致的误差不做调整。

1. 经济效率指数测度结果分析

黄土高原生态功能区中45个县区经济效率指数最小的为山西兴县，其经济效率指数为0.0519，最大值为山西柳林县，其值为0.1873，以最小值与最大值为界限，经济效率指数在[0.0519，0.0721)区间为低度层级，在[0.0721，0.1082)区间为次中度层级，在[0.1082，0.1436)区间为中度层级，在[0.1436，0.1873]区间为高度层级。

从分省域角度分析，经济效率属于低度层次的县区主要集中于山西和陕西；甘肃各县区经济效率处于中度层级；宁夏各个县区的经济效率差异较大，四个层级都存在。

2. 社会公平指数测度结果分析

黄土高原生态功能区45个县区中社会公平指数最小的区域为山西石楼县，其社会公平指数为0.0131，最大的为陕西志丹县，其值为0.1320，以最小值与最大值为界限，社会公平指数在[0.0131，0.0362)区间属于低度层级，在[0.0362，0.0608)区间属于次中度层级，在[0.0608，0.0904)区间属于中度层级，在[0.0904，

0.1320］区间属于高度层级。

从分省角度分析，与经济效率指数相比，四个省县区的社会公平指数差异均较大，因此，以所包含县区的社会公平指数的算术平均值作为该省社会公平指数，可得出四省社会公平指数排名：甘肃＞陕西＞山西＞宁夏。

3. 生态安全指数测度结果分析

黄土高原生态功能区中45个县区的生态安全指数最小的为山西保德县，其生态安全指数为0.0845，最大的为甘肃环县，其值为0.3359，以最小值与最大值为界限，生态安全指数在［0.0845，0.1615）区间属于低度层级，在［0.1615，0.2185）区间属于次中度层级，在［0.2185，0.2673）区间属于中度层级，在［0.2673，0.3359］区间属于高度层级。

从分省角度分析，甘肃各县区中生态安全指数均处于中、高层级，即第二至第四层级。宁夏与山西各个县区生态安全水平差异较大，四个层级中均有分布。因此，同样以其包含县区的生态安全指数的算术平均值作为该省的生态安全指数，宁夏的生态安全指数高于山西。陕西各县区的生态安全水平分布最为稳定，集中分布于中度层级，且与山西、甘肃和宁夏相比而言，陕西具有最高的生态安全水平。

4. 农户可持续生计安全指数测度结果分析

黄土高原生态功能区中45个县区的农户可持续生计安全指数最小的为山西宝德县，其值为0.2686；最大值为陕西吴起县，其值为0.5715，以最小值与最大值为界限，农户可持续生计安全指数在［0.2686，0.2933）区间属于低度层级，在［0.2933，0.3751）区间属于次中度层级，在［0.3751，0.4504）区间属于中度层级，在［0.4504，0.5715］区间属于高度层级。

从指数值来看，农户可持续生计安全指数由经济效率指数、社会公平指数与生态安全指数相加所得，经济效率指数、社会公平指数、生态安全指数之间存在差异，但并无相关关系。因此，农户可持续生计安全层级的分布与经济效率、社会公平、生态安全存在差异。甘肃各县区的农户可持续生计安全指数与其生态安全总体分布相似，没有县区处于低度层级，均处于中度、次中度和高度层级，以其所包含县区的算术平均值作为该省值，甘肃大于宁夏、山西和陕西；宁夏、陕西的总体分布与甘肃类似，均处于次中度、中度和高度层级，较低层级仅存在于山西的部分县，但处于较低层级所占的比重较小。

四 小结

从整体上看，黄土高原生态功能区的农户可持续生计安全指数整体偏低。限制资源开采的生态保护性政策，在一定程度上造成了当地农户家庭的政策性贫困，而生态补偿政策对农户生计的作用较小，不足以满足农户家庭对教育、医疗、生活的支出需求。因此，应继续健全与完善国家重点生态功能区生态补偿政策。

首先，经济发展水平是衡量区域贫困程度的重要指标，但在黄土高原生态功能区内，不能为实现经济的快速增长而忽略社会公平与生态安全。在非农产业发展方面，提高家庭获取信息的能力，改善通信质量；在经济发展过程中，综合考虑社会与环境因素，转变经济发展方式，不能单纯依赖矿产资源开采的资源型经济发展；鼓励工业企业在生产过程中，安装废弃物处理装置，以减少工业排放对环境的污染；调整产业结构，加大第三产业的发展，实现经济发展的绿色转型。在农业方面，对农户家庭进行种子与技术支持，推进农机具在农业生产过程中的使用，提高农业现代化水平。在潜在发展能力方面，加大对公共教育的财政支出，加大金融机构对"三农"的扶持力度，进一步提高当地农户的受教育水平。

其次，社会公平在黄土高原生态功能区社会发展过程中发挥着至关重要的作用，实现区域公共医疗、财政支出、社会福利的公平，能够提升当地农户生计的可持续发展能力。加大政府资金对国家重点生态功能区的支持，尤其是财政资金应适当向深度贫困县区和农户倾斜。提高基层医疗机构的数量，满足当地农户基本的就医需求，严控因病返贫现象出现。同时，鼓励城乡医院对口支援，举办医生下乡巡诊活动，一方面能够保障当地农户能够同等享受优质医疗资源，另一方面能够帮扶并提高当地县乡级医院的医生诊疗水平。

最后，在黄土高原生态功能区经济与社会发展过程中，生态安全应受到足够的重视。煤炭等部分当地丰裕性资源具有稀缺性与不可再生性，资源长期过度开采会对生态安全造成威胁。因此，应尽量减少对煤炭等不可再生资源的使用，加大对新型清洁能源的开发，并鼓励当地农户日常生产、生活中使用清洁能源，减少对生态环境负外部性的影响，最大限度地保护生态环境安全。

第二节　浑善达克生态功能区农户可持续生计安全指数测度

一　防风固沙生态功能区简介

本节研究防风固沙型国家重点生态功能区类型。防风固沙型国家重点生态功能区设置主要考虑到生态系统预防土地沙化、降低沙尘暴危害的能力与作用。近年来，国家生态安全受到普遍关注，环境保护部与中国科学院于 2015 年印发的《全国生态功能区划》中发挥防风固沙生态系统服务功能的重点生态功能区共有 30 个，总面积为 198.95 万平方千米，占到国土面积的 20.7%，其中包括呼伦贝尔草原防风固沙功能区、科尔沁沙地防风固沙功能区、浑善达克沙地防风固沙功能区、阴山山地防风固沙功能区、阴山北部防风固沙功能区、鄂尔多斯高原东部防风固沙功能区、鄂尔多斯高原北部防风固沙功能区、鄂尔多斯高原中部防风固沙功能区、毛乌素沙地防风固沙功能区、鄂尔多斯高原西南部防风固沙功能区、陇中—宁中防风固沙功能区、腾格里沙漠防风固沙功能区、阿拉善东部防风固沙功能区、巴丹吉林沙漠防风固沙功能区、黑河中下游防风固沙功能区、阿拉善西北部防风固沙功能区、北山山地防风固沙功能区、河西走廊西部防风固沙功能区、东疆戈壁—流动沙漠防风固沙功能区、吐鲁番—哈密盆地防风固沙功能区、准噶尔盆地东部防风固沙功能区、准噶尔盆地防风固沙功能区、天山南坡防风固沙功能区、塔里木盆地北部防风固沙功能区、塔里木河流域防风固沙功能区、塔克拉玛干沙漠防风固沙功能区、塔里木盆地南部防风固沙功能区、柴达木盆地防风固沙功能区、柴达木盆地东北部山地防风固沙功能区、共和盆地防风固沙功能区，涉及广西壮族自治区、贵州省、云南省、湖北省、重庆市、新疆维吾尔自治区、吉林省、河北省等多个省域。

防风固沙生态功能区面临的环境脆弱性主要表现为由过度放牧、草原开垦、水资源短缺以及不合理的人为开发利用所引致的植被退化、土地沙化和荒漠化。沙质荒漠化土地在地理空间上主要分布于我国西北、华北北部以及东北西部。在该生态功能区中实施生态保护的措施主要有优化草原生物资源利用方式、控制放牧禁止草原开垦、改进传统畜牧业生产方式、推进草畜平衡管理、实施防风固沙工程和改善草地生态系统。

二 研究区概况

浑善达克生态功能区对北方生态屏障建设具有重要作用。浑善达克生态功能区位于内蒙古自治区与河北省境内，具体县域包括围场满族蒙古族自治县、丰宁满族自治县、沽源县、张北县、尚义县、康保县、克什克腾旗、多伦县、正镶白旗、正蓝旗、太仆寺旗、镶黄旗、阿巴嘎旗、苏尼特左旗和苏尼特右旗共15个县，地势东南高西北低，属于中纬度半干旱、干旱大陆性季风气候，降水主要集中于7—9月，占到全年降水量的80%，自然灾害类型主要有干旱、冰雹等。

浑善达克生态功能区各个县域的经济水平在2011—2015年总体呈现上升趋势，其地区生产总值仅康保县、多伦县、正镶白旗三个县域在个别年份略有下降，其余县域均呈现上升趋势，人均GDP的变化趋势与地区生产总值类似。第一产业增加值仅沽源县在2014年、张北县在2015年、尚义县在2014年和康保县在2014年下降外，其余区域均呈现逐年上升趋势。

三 浑善达克生态功能区农户可持续生计指标体系构建

以国家重点生态功能区农户可持续生计指标体系中设置的调控层和准则层为基础，结合收集和调研获取的浑善达克生态功能区数据，在对数据进行标准化处理之后，采用标准离差法进行指标权重的确定。浑善达克生态功能区农户可持续生计指标体系及各指标权重值见表5-6。

表 5－6　　浑善达克生态功能区农户可持续生计指标体系及指标权重值

目标层	调控层	准则层	指标层	指标方向
浑善达克生态功能区农户可持续生计指标体系	经济效率（0.4284）	非农产业发展效率（0.1974）	人均非农产业增加值（$\omega_1=0.0651$）	正
			信息获取能力（$\omega_2=0.0657$）	正
			产业结构（$\omega_3=0.0666$）	正
		农业产业发展效率（0.1182）	人均第一产业增加值（$\omega_4=0.0510$）	正
			农业机械总动力（$\omega_5=0.0672$）	正
		潜在发展能力（0.1128）	教育机会（$\omega_6=0.0598$）	正
			金融机会（$\omega_7=0.0531$）	正
	社会公平（0.2237）	医疗服务能力（0.0384）	每千人医院床位数（$\omega_8=0.0384$）	正
		财政支持力（0.0640）	财政自给率（$\omega_9=0.0640$）	正
		社会福利机构服务能力（0.1213）	社会福利机构单位数（$\omega_{10}=0.0581$）	正
			每千人社会福利机构单位床位数（$\omega_{11}=0.0631$）	正
	生态安全（0.3478）	资源禀赋（0.1489）	土地面积（$\omega_{12}=0.0770$）	正
			禁止开发面积（$\omega_{13}=0.0719$）	负
		环境压力（0.1989）	人口密度（$\omega_{14}=0.0845$）	负
			经济密度（$\omega_{15}=0.0614$）	负
			投资强度（$\omega_{16}=0.0531$）	负

注：因四舍五入导致的误差不做调整。

四 浑善达克生态功能区农户可持续生计安全指数测度结果

对浑善达克生态功能区各县域2011—2015年的农户可持续生计安全指数、经济效率指数、社会公平指数以及生态安全指数的变化趋势进行分析，然后选取2011年、2013年、2015年的数据进行空间分层研究，运用自然断点分级法，分别将经济效率指数、社会公平指数、生态安全指数和农户可持续生计安全指数分为四个级别（高度、中度、次中度和低度）。

1. 农户可持续生计安全指数测度结果

浑善达克生态功能区各县域的经济效率指数、社会公平指数和生态安全指数变化趋势不同，因此，由经济效率指数、社会公平指数和生态安全指数共同决定的农户可持续生计安全指数变化趋势呈现不同的特征。由表5-7可以看出，2011年浑善达克生态功能区各县域的农户可持续生计安全指数区间为[0.2717, 0.5072]，内蒙古的苏尼特左旗的农户可持续生计安全指数为0.5072，排名最高；河北康保县的农户可持续生计安全指数为0.2717，排名最低。具体排名由高到低的顺序为苏尼特左旗、阿巴嘎旗、正蓝旗、苏尼特右旗、镶黄旗、克什克腾旗、围场满族蒙古族自治县、丰宁满族自治县、正镶白旗、张北县、多伦县、沽源县、尚义县、太仆寺旗和康保县。2013年的农户可持续生计安全指数的区间为[0.2785, 0.5874]，内蒙古的苏尼特左旗为0.5874，排名最高；河北尚义县为0.2785，排名最低。具体排名由高到低的顺序为苏尼特左旗、正蓝旗、镶黄旗、阿巴嘎旗、克什克腾旗、苏尼特右旗、围场满族蒙古族自治县、丰宁满族自治县、多伦县、正镶白旗、沽源县、张北县、太仆寺旗、康保县和尚义县。2015年的农户可持续生计安全指数的区间为[0.2865, 0.5511]，最大值仍为苏尼特左旗，但比2013年有所下降，具体排名由高到低的顺序为苏尼特左旗、镶黄旗、阿巴嘎旗、正蓝旗、苏尼特右旗、克什克腾旗、丰宁满族自治县、围场满族蒙古族自治县、正镶白旗、多伦县、张北县、沽源县、尚义县、康保县和太仆寺旗。

表 5-7　浑善达克生态功能区农户可持续生计安全指数测算结果

名称	2011 年		2012 年		2013 年		2014 年		2015 年	
	得分	排名	得分	排名	得分	排名	得分	排名	得分	排名
围场满族蒙古族自治县	0.4495	7	0.4333	7	0.4572	7	0.4217	8	0.4407	8
丰宁满族自治县	0.4323	8	0.4226	8	0.4510	8	0.4307	7	0.4409	7
沽源县	0.3199	12	0.3195	12	0.3346	11	0.3302	12	0.3290	12
张北县	0.3551	10	0.3569	9	0.3336	12	0.3617	10	0.3447	11
尚义县	0.2995	13	0.2992	13	0.2785	15	0.2987	14	0.2881	13
康保县	0.2717	15	0.2579	15	0.2884	14	0.3004	13	0.2881	14
克什克腾旗	0.4567	6	0.4786	5	0.4694	5	0.4668	5	0.4642	6
多伦县	0.3215	11	0.3499	10	0.3659	9	0.3503	11	0.3505	10
正镶白旗	0.3567	9	0.3478	11	0.3541	10	0.3651	9	0.3638	9
正蓝旗	0.4782	3	0.4859	3	0.5068	3	0.5139	3	0.4983	4
太仆寺旗	0.2811	14	0.2843	14	0.2912	13	0.2839	15	0.2865	15
镶黄旗	0.4751	5	0.4997	2	0.4983	3	0.5288	2	0.5436	2
阿巴嘎旗	0.4823	2	0.4816	4	0.4771	4	0.4899	4	0.4991	3
苏尼特左旗	0.5072	1	0.5568	1	0.5874	1	0.5964	1	0.5511	1
苏尼特右旗	0.4772	4	0.4452	6	0.4620	6	0.4592	6	0.4732	5

2. 经济效率指数测算结果

浑善达克生态功能区各县域经济效率指数在 2011—2015 年的变化趋势如表 5-8 所示。2011 年的经济效率指数区间为 [0.0525, 0.1841]，河北围场满族蒙古族自治县为 0.1841，排名最高；河北尚义县为 0.0525，排名最低。具体排名由高到低的顺序为围场满族蒙古族自治县、镶黄旗、丰宁满族自治县、正蓝旗、克什克腾旗、张北县、多伦县、阿巴嘎旗、苏尼特右旗、苏尼特左旗、沽源县、正镶白旗、康保县、太仆寺旗和尚义县。2013 年的经济效率指数区间为 [0.0439, 0.1921]，内蒙古镶黄旗为 0.1921，排名最高；河北尚义县为 0.0439，排名仍最低。具体排名由高到低的顺序为镶黄旗、苏尼特左旗、围场满族蒙古族自治县、丰宁满族自治县、克什克腾旗、多伦县、正蓝旗、阿巴嘎旗、张北县、苏尼特右旗、沽源县、太仆寺旗、康保县、正镶白旗和尚义县。2015 年的经济效率指数区间为 [0.0388，0.2144]，内蒙古镶黄旗为 0.2144，排名最高；河北尚义县为 0.0388，排名最低。具体排名由高到低的顺序为镶黄旗、围场满族蒙古族自治县、克什克腾旗、苏尼特左旗、阿巴嘎旗、丰宁满族自治县、正蓝旗、多伦县、张北县、苏尼特右旗、沽源县、太仆寺旗、正镶白旗、康保县和尚义县。

2011—2015 年，浑善达克生态功能区中经济效率指数变化较小的县域是丰宁满族自治县、沽源县和太仆寺旗，其中丰宁满族自治县的经济效率指数在 2013 年达到最大值，其次为 2012 年；沽源县的经济效率指数在 2015 年达到最大值；太仆寺旗的经济效率指数于 2012 年达到最小值，其余年份均在 [0.0715，0.0746] 区间。变化较大的县域包括，正镶白旗的经济效率指数在 2011 年显著高于其他年份，且 2012—2015 年呈现逐渐上升的趋势；张北县的经济效率指数在 2011 年与 2012 年明显高于其他年份，2013—2015 年总体呈下降趋势；康保县的经济效率指数在 2011—2015 年呈现逐渐下降趋势。

表 5-8 浑善达克生态功能区经济效率指数测算结果

名称	2011 年		2012 年		2013 年		2014 年		2015 年	
	得分	排名	得分	排名	得分	排名	得分	排名	得分	排名
围场满族蒙古族自治县	0.1841	1	0.1755	2	0.1787	3	0.1811	3	0.1736	2
丰宁满族自治县	0.1472	3	0.1489	5	0.1524	4	0.1454	7	0.1484	6
沽源县	0.0943	11	0.0958	11	0.0941	11	0.0947	11	0.0976	11
张北县	0.1401	6	0.1436	6	0.1073	9	0.1010	9	0.1172	9
尚义县	0.0525	15	0.0663	14	0.0439	15	0.0455	15	0.0388	15
康保县	0.0732	13	0.0673	13	0.0626	13	0.0610	13	0.0579	14
克什克腾旗	0.1457	5	0.1605	4	0.1469	5	0.1572	4	0.1617	3
多伦县	0.1372	7	0.1338	7	0.1418	6	0.1381	8	0.1396	8

续表

名称	2011 年		2012 年		2013 年		2014 年		2015 年	
	得分	排名	得分	排名	得分	排名	得分	排名	得分	排名
正镶白旗	0.0844	12	0.0546	15	0.0567	14	0.0589	14	0.0600	13
正蓝旗	0.1464	4	0.1291	8	0.1388	7	0.1500	5	0.1406	7
太仆寺旗	0.0715	14	0.0709	12	0.0746	12	0.0746	12	0.0737	12
镶黄旗	0.1807	2	0.1773	1	0.1921	1	0.2130	1	0.2144	1
阿巴嘎旗	0.1372	8	0.1146	9	0.1271	8	0.1464	6	0.1572	5
苏尼特左旗	0.1233	10	0.1623	3	0.1824	2	0.1948	2	0.1588	4
苏尼特右旗	0.1273	9	0.1117	10	0.1052	10	0.1070	10	0.1169	10

3. 社会公平指数测算结果

由表 5-9 可以看出，2011 年浑善达克生态功能区各县域的社会公平指数区间为 [0.0240, 0.1105]，河北张北县为 0.1105，排名最高；内蒙古太仆寺旗为 0.0240，排名最低。具体排名由高到低的顺序为张北县、克什克腾旗、尚义县、围场满族蒙古族自治县、丰宁满族自治县、正蓝旗、沽源县、阿巴嘎旗、镶黄旗、多伦县、苏尼特右旗、苏尼特左旗、康保县、正镶白旗和太仆寺旗。2013 年浑善达克生态功能区各县域的社会公平指数区间为 [0.0390, 0.1419]，河北张北县为 0.1419，排名最高；内蒙古正镶白旗为 0.0390，排名最低。具体排名由高到低的顺序为张北县、围场满族蒙古族自治县、克什克腾旗、丰宁满族自治县、正蓝旗、多伦县、沽源县、康保县、尚义县、苏尼特左旗、镶黄旗、阿巴嘎旗、苏尼特右旗、太仆寺旗和正镶白旗。2015 年浑善达克生态功能区各县域的社会公平指数区间为 [0.0431, 0.1421]，河北张北县为 0.1421，排名最高；内蒙古太仆寺旗为 0.0431，排名最低。具体排名由高到低的顺序为张北县、丰宁满族自治县、正蓝旗、克什克腾旗、镶黄旗、尚义县、康保县、围场满族蒙古族自治县、沽源县、多伦县、苏尼特左旗、正镶白旗、阿巴嘎旗、苏尼特右旗和太仆寺旗。

2011—2015 年，浑善达克生态功能区各县域的社会公平指数差异较大，最为明显的为围场满族蒙古族自治县与张北县，围场满族蒙古族自治县在2013年的社会公平指数达到最大值，与2015年的最小值之间的差异为0.0432；张北县于2014年达到社会公平指数的最大值0.1569，且该值也是所有年份与所有县域中的最大值；正镶白旗的社会公平指数于2011—2014年呈逐年上升趋势，在2015年略有下降。丰宁满族自治县、沽源县、张北县与康保县在2011年或2012年的社会公平指数均较低，2013年较2012年具有明显的上升趋势。

表5-9　浑善达克生态功能区社会公平指数测算结果

名称	2011年		2012年		2013年		2014年		2015年	
	得分	排名	得分	排名	得分	排名	得分	排名	得分	排名
围场满族蒙古族自治县	0.0828	4	0.0842	4	0.1230	2	0.0896	5	0.0798	8
丰宁满族自治县	0.0722	5	0.0770	5	0.1101	4	0.1015	3	0.1117	2
沽源县	0.0470	7	0.0489	11	0.0747	7	0.0764	8	0.0753	9
张北县	0.1105	1	0.1119	1	0.1419	1	0.1569	1	0.1421	1
尚义县	0.0839	3	0.0739	6	0.0689	9	0.0862	7	0.0848	6
康保县	0.0379	13	0.0383	12	0.0728	8	0.0893	6	0.0803	7
克什克腾旗	0.0963	2	0.1061	2	0.1119	3	0.0983	4	0.0912	4
多伦县	0.0460	10	0.0689	9	0.0797	6	0.0677	10	0.0737	10
正镶白旗	0.0246	14	0.0323	13	0.0390	15	0.0501	12	0.0491	12
正蓝旗	0.0636	6	0.0903	3	0.1025	5	0.1030	2	0.0971	3
太仆寺旗	0.0240	15	0.0320	14	0.0394	14	0.0375	15	0.0431	15
镶黄旗	0.0461	9	0.0707	7	0.0585	11	0.0702	9	0.0862	5
阿巴嘎旗	0.0461	8	0.0693	8	0.0527	12	0.0470	13	0.0464	13
苏尼特左旗	0.0416	12	0.0529	10	0.0639	10	0.0610	11	0.0522	11
苏尼特右旗	0.0420	11	0.0261	15	0.0499	13	0.0436	14	0.0488	14

4. 生态安全指数测算结果

由表5-10可以看出，2011年浑善达克生态功能区各县域的生态安全指数区间为[0.1046, 0.3424]，内蒙古苏尼特左旗为0.3424，排名最高；河北张北县为 0.1046，排名最低。具体排名由高到低的顺序为苏尼特左旗、苏尼特右旗、阿巴嘎旗、正蓝旗、镶黄旗、正镶白旗、克什克腾旗、丰宁满族自治县、太仆寺旗、围场满族蒙古族自治县、沽源县、尚义县、康保县、多伦县和张北县。2013 年浑善达克生态功能区各县域的生态安全指数区间为 [0.0849, 0.3411]，内蒙古苏尼特左旗为 0.3411，排名最高；河北张北县为 0.0849，排名最低。具体排名由高到低的顺序为苏尼特左旗、苏尼特右旗、阿巴嘎旗、正蓝旗、正镶白旗、镶黄旗、克什克腾旗、丰宁满族自治县、太仆寺旗、沽源县、尚义县、围场满族蒙古族自治县、康保县、多伦县和张北县。2015 年浑善达克生态功能区各县域的生态安全指数区间为 [0.0853, 0.3401]，内蒙古苏尼特左旗为 0.3401，排名最高；河北张北县为 0.0853，排名最低。具体排名由高到低的顺序为苏尼特左旗、苏尼特右旗、阿巴嘎旗、正蓝旗、正镶白旗、镶黄旗、克什克腾旗、围场满族蒙古族自治县、丰宁满族自治县、太仆寺旗、尚义县、沽源县、康保县、多伦县和张北县。

与经济效率指数与社会公平指数相比，浑善达克生态功能区各县域的生态安全指数在 2011—2015 年变化趋势最小。由表 5 - 10 中看出，丰宁满族自治县、沽源县、太仆寺旗的生态安全指数 2011—2015 年呈现逐年递减的趋势，围场满族蒙古族自治县、张北县、尚义县、多伦县、镶黄旗历年的生态安全指数存在小幅波动，而克什克腾旗、正镶白旗、正蓝旗、阿巴嘎旗、苏尼特左旗与苏尼特右旗的生态安全指数则基本不变。

表 5 – 10 浑善达克生态功能区生态安全指数测算结果

名称	2011 年		2012 年		2013 年		2014 年		2015 年	
	得分	排名	得分	排名	得分	排名	得分	排名	得分	排名
围场满族蒙古族自治县	0.1825	10	0.1736	11	0.1555	12	0.1510	12	0.1869	8
丰宁满族自治县	0.2129	8	0.1967	8	0.1886	8	0.1838	8	0.1807	9
沽源县	0.1787	11	0.1748	10	0.1658	10	0.1591	11	0.1561	12
张北县	0.1046	15	0.1014	15	0.0849	15	0.0948	15	0.0853	15

续表

名称	2011年		2012年		2013年		2014年		2015年	
	得分	排名	得分	排名	得分	排名	得分	排名	得分	排名
尚义县	0.1631	12	0.1591	12	0.1657	11	0.1665	10	0.1645	11
康保县	0.1607	13	0.1523	13	0.1530	13	0.1501	13	0.1499	13
克什克腾旗	0.2146	7	0.2120	7	0.2107	7	0.2113	7	0.2113	7
多伦县	0.1389	14	0.1472	14	0.1443	14	0.1445	14	0.1378	14
正镶白旗	0.2477	6	0.2609	5	0.2583	5	0.2561	5	0.2547	5
正蓝旗	0.2683	4	0.2665	4	0.2655	4	0.2609	4	0.2606	4
太仆寺旗	0.1856	9	0.1814	9	0.1772	9	0.1718	9	0.1697	10
镶黄旗	0.2483	5	0.2513	6	0.2478	6	0.2456	6	0.2430	6
阿巴嘎旗	0.2990	3	0.2977	3	0.2973	3	0.2965	3	0.2955	3
苏尼特左旗	0.3424	1	0.3416	1	0.3411	1	0.3405	1	0.3401	1
苏尼特右旗	0.3079	2	0.3074	2	0.3069	2	0.3085	2	0.3076	2

五 浑善达克生态功能区农户可持续生计安全指数的空间格局

根据浑善达克生态功能区经济效率指数、社会公平指数、生态安全指数以及农户可持续生计安全指数的测度结果，按照自然断点分级法进行空间分析，将15个县域分为四个层级。

浑善达克生态功能区农户可持续生计安全指数的空间变化情况是，围场满族蒙古族自治县与丰宁满族自治县的农户可持续生计安全指数均在2013年达到最大值，2011年与2015年次之，2012年与2014年处于较低层级；所有县域中苏尼特左旗的农户可持续生计安全指数处于最高层级，并在2014年达到最大值0.5964。此外，农户可持续生计安全指数变化较为平缓的县域包括沽源县、正镶白旗、太仆寺旗和阿巴嘎旗。从空间上，2011—2015年浑善达克生态功能区的农户可持续生计安全空间格局未发生明显变化。2015年四个级别分别是低度区间［0.2865，0.2881）、次低度区间［0.2881，0.3638）、中度区间［0.3638，0.4732）和高度区间［0.4732，0.5511］。2011

年、2013年、2015年的农户可持续生计安全指数属于低度与较低度的县域未发生变化，康保县、尚义县和太卜寺旗均属于低度；沽源县、多伦县、张北县和正镶白旗属于较低度；丰宁满族自治县、围场满族蒙古族自治县和克什克腾旗未发生变化，均属于中度；镶黄旗、苏尼特右旗和苏尼特左旗，均属于高度，其中，阿巴嘎旗与正蓝旗在2013年有所下降，但在2015年又恢复为高度。

2011年，浑善达克生态功能区各县域的经济效率指数有9个处于中度层次，区间为[0.0943, 0.1472]，占到总体的60.3%。2015年浑善达克生态功能区的经济效率指数主要出现在中度层级，区间为[0.0738, 0.1172]，且在地理空间上集中于浑善达克生态功能区的东北方向；仅镶黄旗一个县域的经济效率指数处于高度层级，位于低度与次中度的经济效率指数区间的，分别为正镶白旗、太仆寺旗、康保县、尚义县与苏尼特右旗、张北县和沽源县。

2011年，浑善达克生态功能区内各县域社会公平指数水平广泛地位于次中度层次，区间为[0.0247, 0.0470]，占到总县域数量的46.7%。2015年的社会公平指数变化趋势明显，80%的县域处于低度与次中度层次，即其指数区间为[0.0431, 0.0912]，处于中度层次与高度层次的县域仅占20%，分别为张北县、正蓝旗和丰宁满族自治县，区间为[0.0912, 0.1421]。而苏尼特右旗、苏尼特左旗与阿巴嘎旗在2015年均呈现下降态势。

整体而言，2011年、2013年、2015年，浑善达克生态功能区的生态安全指数在地理空间上均呈现由北向南逐渐降低的特征，2013年与2015年各县域的生态安全指数分级为苏尼特右旗、苏尼特左旗与阿巴嘎旗处于高度；镶黄旗、正镶白旗、正蓝旗与克什克腾旗处于中度；尚义县、康保县、太仆寺旗、沽源县、丰宁满族自治县、多伦县和围场满族蒙古族自治县处于次中度；张北县处于低度。

六 小结

浑善达克生态功能区作为京津冀地区生态安全的重要屏障，其生态环境保护和修复具有重要意义。本节基于农户可持续生计安全指数方法，定量测度了浑善达克生态功能区的经济效率指数、社会公平指数、生态安全指数以及农户可持续生计安全指数。从研究结论来看，整体上，浑善达克生态功能区内各县域的指标各年呈现出不同的特征，所属级别不同。2011年浑善达克生态功能区内位于高度层级县域的农户可持续生计安全指数在地理空间上主要集中于北部，而2013年仅有一个县的农户可持续生计安全指数处于高度层级。可见，农户生计的可持续性提升速度缓慢。分年份来看，同一年度各县域的经济效率指数、社会公平指数、生态安全指数及农户可持续生计安全指数处于不同的层级。如2015年，镶黄旗经济效率指数处于高度层级，社会公平指数处于较低层级，而生态安全指数处于较高度层级。可见，浑善达克生态功能区内各县域的经济、社会和生态协调发展的压力较大，应推进实施区域协调发展政策。

总之，浑善达克生态功能区的生态环境仍十分脆弱，土地荒漠化严重，水资源严重不足，而提高当地生态安全水平是农户可持续生计提升的关键。因此，应针对不同县域的实际情况，实施有针对性的环境保护措施和区域协调发展政策，将生态保护和减贫多措并举，一方面继续完善生态补偿机制，探索跨区域的生态补偿模式；另一方面要以改善当地农户的可持续生计能力为目标，厚植生态优势，将扶贫开发与生态保护相统一，提升生态扶贫效果。

第三节　甘南黄河生态功能区农户可持续生计安全指数测度

一　水源补给生态功能区简介

水源涵养是生态系统提供的重要服务之一，生态系统通过森林以及植物根系将降水以及地下水拦蓄在生态系统内部，在保障生态系统内部用水需求的同时向外部提供水源。水源补给重点生态功能区包括我国河流域湖泊主要水源的源头区与补给区。2015年环境保护部和中国科学院联合发布的《全国生态功能区划》在全国共划分了47个水源补给生态功能区，面积共计256.9万平方千米，占全国国土面积的

26.8%。其中，对国家和区域生态安全具有重要作用的水源补给生态功能区主要包括大兴安岭、秦岭—大巴山区、大别山区、南岭山地、闽南山地、海南中部山区、川西北、三江源地区、甘南山地、祁连山、天山等，占地面积达到151.8万平方千米；较为重要的水源涵养区位于藏东南、昆仑山、横断山区、滇西以及滇南地区等地。

该类型区目前存在的较大生态问题是随着人类活动强度增大，地表植被的破坏以及植被所具有的涵养水源功能的不断衰退。主要表现为：森林资源过度开发，天然草原过度放牧导致植被破坏，水土流失以及土地沙化；湿地不断萎缩、面积减少；冰川后退，雪线上升。水源涵养生态区的保护主要通过严格保护环境，逐步恢复生态功能区的水源涵养功能，控制水源污染、开展清洁治理，严格控制载畜量，发展生态农业，积极寻求替代产业，减轻区内畜牧业对水源的压力。

二 研究区概况

1. 区位状况

甘南黄河生态功能区位于甘肃省西南部，西至青藏高原，东临陇东，北接兰州，南抵甘川边界，由临夏回族自治州（康乐县、临夏县、和政县、积石山保安族东乡族撒拉族自治县）与甘南藏族自治州（玛曲县、碌曲县、夏河县、合作市、临潭县、卓尼县）的10个县市组成。该生态功能区所辖行政面积达到33827平方千米，占甘肃省总面积的7.46%。

2. 自然禀赋状况

甘南黄河生态功能区处于青藏高原与黄土高原的过渡带，地势西北高东南低，海拔较高，由于地形多样与地理位置特殊，该地区处于高寒气候、温带大陆性气候与温带季风气候的交界处，气候类型兼具这三种类型特征。该地区的主要地貌为湿地、草地和灌丛等，区域内气候属于高寒湿润气候，受青藏高原地势抬升作用的影响，降水丰富且西多东少，气温南高北低，区域内水资源丰富，河流众多，水流较为丰沛的河流超过15条，是黄河水源的重要补给区，以占黄河4%的流域面积每年向黄河补水65.9亿立方米，占黄河总径流量的11.4%，该区域的水源涵养生态服务功能关乎黄河中下游地区人民的生产生活的正常运转与黄河整体的生态安全，对黄河流域的经济发展与生态安全具有至关重要的作用。

甘南黄河生态功能区蕴含丰富的自然资源，包括水、草地、森林和湿地等重要资源。该区域年均水资源总量66亿立方米，产水模数17.5万立方米；草地面积达到169.1万公顷，占区域内面积的51.91%；森林资源15.2万公顷，其中76%为天然防护林；该地区的湿地资源共12.8万公顷，是青藏高原面积最大和最具代表性的高寒沼泽原始湿地，是世界上保存最完整的自然湿地之一，被称为"黄河之肾"；伴随着地表形态的多样性，该地区具有种类多样的高山野生动植物资源，国家二级以上重点保护野生植物35种以上，国家二级以上重点保护野生动物资源42种，高原冷水鱼20余种。

3. 社会经济状况

第一，经济总量较小，人均水平较低，经济结构单一，贫困程度深。甘南黄河生态功能区处于我国西南与西北交界处，2015年，区内总人口为174万人，占甘肃省人口的6.58%；该地区经济发展水平较低，2016年GDP总额为198.52亿元，人均GDP仅为1.13万元，仅为当年全国人均GDP的21.06%，甘肃省人均GDP的41.14%。经济结构单一，第二、第三产业对经济发展贡献不足，当地居民收入以农牧业为主，玛曲县、碌曲县和夏河县以草原和草甸为主，面积广阔，牧草丰美，是区内的主要畜牧业发展区；合作市、临潭县和卓尼县属于丘陵山地区，属于半农半牧区；临夏县、和政县、康乐县和积石山保安族东乡族撒拉族自治县属于农业区。甘南黄河生态功能区所包含的10个县市经济发展水平较低，均属于我国集中连片特困地区，根据《中国农村扶贫开发纲要（2011—2020）》，甘南6县市属于四省藏区，临县4县市属于六盘山区，由于地处农牧区交界处，当地产业结构单一，生产力低下，因此农户加大土地开垦力度，超载放牧和陡坡耕作，导致生态破坏并伴随贫困程度加剧。

第二，人口分散，公共基础设施薄弱。甘南黄河生态功能区经济发展以农牧业为主，畜牧业发展发展具有天然优势，主要生产方式以游牧为主，人口居住分散，城市化水平极低，2016年甘南藏族自治州与临夏回族自治州两州的城镇化水平仅为32.0%。人口居住分散导致公共基础设施的集中布局困难,交通、通信、电力等基础条件落后,教育、医疗卫生、文化事业发展缓慢。财政自给率较低,除合作市之外,其他9个县的财政自给率尚不足10%,各项社会公共资源严重不足。

第三,生态环境脆弱,生态安全存在极大威胁。甘南黄河生态功能区是我国流域生态保护的重点区域,具有重要的水源补给与涵养功能,同时也是维护高原生物多样性地区。20世纪90年代以后,当地牧民超载放牧,导致生态环境严重破坏,形成人口—环境—贫困的恶性循环"怪圈"。不合理的自然资源利用(超载放牧、滥垦滥伐)对植被造成严重的破坏,使黄河水源补给量急剧减少,草地退化、沙化、盐碱化情况严重,湿地面积锐减、森林资源明显不足,水土流失情况加剧以及生物多样性减少,生态安全受到了威胁。

三 甘南黄河生态功能区农户可持续生计指标体系构建

根据农户可持续生计指标体系构建的三个维度,从生态资源环境、经济发展效率与社会公平程度三个方面测度当地农户生计的可持续性,主要采用从目标—要素向指标层逐级递进、细化的方式构建甘南黄河生态功能区农户可持续生计指标体系(见表5-11)。

表5-11 甘南黄河生态功能区农户可持续生计指标体系及指标权重值

目标层	调控层	准则层	指标层	指标权重	方向
甘南黄河生态功能区农户可持续生计指标体系	经济效率指数(EEI)0.4453	非农产业发展效率(0.1629)	人均非农产业增加值	0.0546	正
			信息获取能力	0.0565	正
			产业结构	0.0518	正
		农业产业发展效率(0.1766)	人均第一产业产出增加值	0.0601	正
			农林牧副渔产出	0.0728	正
			农业机械化程度	0.0437	正
		潜在发展能力(0.1058)	教育机会	0.0601	正
			金融机会	0.0457	正

续表

目标层	调控层	准则层	指标层	指标权重	方向
甘南黄河生态功能区农户可持续生计指标体系	社会公平指数（SEI）0.2069	医疗服务能力（0.0615）	每千人医院床位数	0.0615	正
		财政支持力（0.0473）	财政自给率	0.0473	正
		社会福利机构服务能力（0.0981）	社会福利机构单位数	0.0517	正
			每千人社会福利机构单位床位数	0.0464	正
	生态安全指数（ESI）0.3478	资源禀赋（0.1454）	土地面积	0.0727	正
			禁止开发面积	0.0727	负
		环境压力（0.2024）	人口密度	0.0861	负
			经济密度	0.0600	负
			投资强度	0.0563	负

四 甘南黄河生态功能区农户可持续生计安全指数测度结果

根据农户可持续生计安全指数的计算方法，可得出甘南黄河生态功能区农户可持续生计安全指数、经济效率指数、社会公平指数和生态安全指数，具体结果分析如下。

1. 农户可持续生计安全指数测算结果

甘南黄河生态功能区内农户可持续生计安全指数（见表5-12）差距较大，整体呈现上升趋势。2011年甘南黄河生态功能区农户可持续生计安全指数在［0.2354，0.5497］区间，排名第一的县位于甘南藏族自治州，碌曲县排名最高（0.5497），排名最后的县位于临夏回族自治州，积石山保安族东乡族撒拉族自治县排名最后（0.2354），农户可持续生计安全指数由高到低排名依次是碌曲县、玛曲县、夏河县、卓尼县、合作市、和政县、临潭县、康乐县、临夏县和积石山保安族东乡族撒拉族自治县。2013年甘南黄河生态功能区农户可持续生计安全指数在［0.2463，0.5810］区间，碌曲县排名第一（0.5810），积石山保安族东乡族撒拉族自治县排名最后（0.2463），农户可持续生计安全指数排名依次是碌曲县、玛曲县、夏河县、卓尼县、合作市、和政县、临潭县、康乐县、临夏县和积石山保安族东乡族撒拉族自治县。2015年甘南黄河生态功能区农户可持续生计安全指数在［0.2271，0.6361］区间，玛曲县排名第一（0.6361），积石山保安族东乡族撒拉族自治县排名最后（0.2271），农户可持续生计安全指数排名依次是玛曲县、碌曲县、夏河县、合作市、卓尼县、临夏县、和政县、康乐县、临潭县和积石山保安族东乡族撒拉族自治县。

2011—2015年，甘南黄河生态功能区10个县市的农户可持续生计安全指数发生了较大变化，农户可持续生计安全指数整体呈现上升趋势，且各县市生态安全指数排名相对稳定，整体变化幅度不大。其中玛曲县、碌曲县、夏河县、合作市和卓尼县稳定在前5名，且波动幅度不大；临夏县、和政县、康乐县、临潭县和积石山保安族东乡族撒拉族自治县排名最后，但是波动较大。

表5-12 甘南黄河生态功能区农户可持续生计安全指数测算结果

名称	2011年		2012年		2013年		2014年		2015年	
	得分	排名	得分	排名	得分	排名	得分	排名	得分	排名
合作市	0.4478	5	0.4537	4	0.4853	5	0.5269	3	0.4744	4
临潭县	0.2907	7	0.2736	8	0.2429	7	0.2419	9	0.2274	9
卓尼县	0.4583	4	0.4434	5	0.4322	4	0.4167	5	0.4039	5
玛曲县	0.5267	2	0.5566	1	0.6138	2	0.6522	1	0.6361	1
碌曲县	0.5497	1	0.4714	3	0.5810	1	0.5875	2	0.594	2
夏河县	0.4618	3	0.4818	2	0.4961	3	0.5017	4	0.5023	3
康乐县	0.261	8	0.284	7	0.2458	8	0.2383	10	0.2391	8
临夏县	0.2562	9	0.2568	9	0.2672	9	0.2644	6	0.2586	6
和政县	0.2907	6	0.3138	6	0.2461	6	0.2617	7	0.2416	7
积石山保安族东乡族撒拉族自治县	0.2354	10	0.2409	10	0.2463	10	0.2452	8	0.2271	10

2. 经济效率指数测算结果

根据经济效率指数的测算结果（见表5-13），甘南黄河生态功能区内经济效率差距较大，发展不平衡。2011年经济效率指数在［0.0981，0.1895］区间，经济效率指数的最高值与最低值均出现在甘南藏族自治州，经济效率指数最高的为合作市（0.1895）；经济效率指数最低的为临潭县（0.0981）；2011年甘南黄河生态功能区经济效率指数排名由高到低依次是合作市、碌曲县、康乐县、卓尼县、和政县、夏河县、积石山保安族东乡族撒拉族自治县、玛曲县、临夏县和临潭县，区域内经济效益差距较大；2013年甘南黄河生态功能区的经济效率指数在［0.0683，0.2198］区间，排名第一和最低的县市均未发生变化，但是其他县市的排名发生了明显的变化，2013年甘南黄河生态功能区经济效率指数排名由高到低依次是合作市、碌曲县、玛曲县、夏河县、康乐县、积石山保安族东乡族撒拉族自治县、和政县、卓尼县、临夏县和临潭县。2015年甘南黄河生态功能区的经济效率指数在［0.0604，0.2301］区间，各县市排名变化十分显著，玛曲县排名第一（0.2301），临潭县排名最低（0.0604），2015年经济效率指数排名由高到低依次是玛曲县、合作市、碌曲县、夏河县、康乐县、和政县、临夏县、积石山保安族东乡族撒拉族自治县、卓尼县和临潭县。

2011—2015年，甘南黄河生态功能区10个县市的经济效率指数发生了较大变化，整体呈现增长趋势。但各县市经济效益并不十分稳定，10个县市中经济效率指数变化幅度最大的是玛曲县和卓尼县。玛曲县的经济效率不断提升，由2011年的第8名上升到2015年的第1名，原因是该地区生态环境的恢复，农业生产环境改善，效益不断提升；卓尼县则由2011年的第4位下降至2015年的第9位；其余县市排名也有轻微变化，但整体变化幅度不大。

表5–13　甘南黄河生态功能区经济效率指数测算结果

名称	2011年		2012年		2013年		2014年		2015年	
	得分	排名	得分	排名	得分	排名	得分	排名	得分	排名
合作市	0.1895	1	0.1810	1	0.2198	1	0.2514	1	0.2215	2
临潭县	0.0981	10	0.0793	10	0.0683	10	0.0701	10	0.0604	10
卓尼县	0.1452	4	0.1348	5	0.1261	8	0.1078	9	0.1004	9

续表

名称	2011年		2012年		2013年		2014年		2015年	
	得分	排名	得分	排名	得分	排名	得分	排名	得分	排名
玛曲县	0.1296	8	0.1325	6	0.1706	3	0.2271	2	0.2301	1
碌曲县	0.1865	2	0.1276	8	0.1729	2	0.1678	3	0.1755	3
夏河县	0.1368	6	0.1354	4	0.1501	4	0.1535	4	0.1521	4
康乐县	0.1496	3	0.1464	3	0.1433	5	0.1410	5	0.1440	5
临夏县	0.1238	9	0.1244	5	0.1213	9	0.1229	8	0.1273	7
和政县	0.1410	5	0.1638	2	0.1267	7	0.1347	6	0.1274	6
积石山保安族东乡族撒拉族自治县	0.1306	7	0.1292	7	0.1420	6	0.1347	6	0.1205	8

3. 社会公平指数测算结果

社会公平指数反映了该地区公共社会资源的分布状况，是衡量社会公共服务能力的重要指标。甘南黄河生态功能区内社会公平指数差距较大（见表5-14）。2011年甘南黄河生态功能区社会公平指数在[0.0111, 0.0948]区间，排名第一和排名最低的县均位于甘南藏族自治州，碌曲县的社会公平指数排名最高（0.0948），积石山保安族东乡族撒拉族自治县排名最低（0.0111），2011年甘南黄河生态功能区社会公平指数由高到低排名依次是碌曲县、合作市、玛曲县、卓尼县、和政县、夏河县、康乐县、临潭县、临夏县和积石山保安族东乡族撒拉族自治县。2013年甘南黄河生态功能区社会公平指数在[0.0260, 0.1425]区间，排名第一的为碌曲县（0.1425），排名最低的是临潭县（0.0260），2013年甘南黄河生态功能区社会公平指数由高到低排名依次是碌曲县、合作市、玛曲县、夏河县、临夏县、康乐县、卓尼县、和政县、积石山保安族东乡族撒拉族自治县和临潭县。2015年甘南黄河生态功能区社会公平指数在[0.0303, 0.1538]区间，排名第一的为碌曲县（0.1538），排名最低的为临潭县（0.0303），2015年甘南黄河生态功能区社会公平指数由高到低排名依次是碌曲县、合作市、夏河县、康乐县和临夏县、玛曲县、和政县、积石山保安族东乡族撒拉族自治县、卓尼县、临潭县。

2011—2015年,甘南黄河生态功能区10个县市的社会公平指数发生较大变化,从时间上看,整体呈现增长趋势。但各县市社会公平指数排名并不稳定,均出现不同程度的升降。碌曲县和合作市的社会公平指数始终保持在前三位,积石山保安族东乡族撒拉族自治县和临潭县的社会公平指数始终靠后。

表5-14　　甘南黄河生态功能区社会公平指数测算结果

名称	2011年		2012年		2013年		2014年		2015年	
	得分	排名	得分	排名	得分	排名	得分	排名	得分	排名
合作市	0.0741	2	0.0796	1	0.1071	2	0.1108	2	0.0913	2
临潭县	0.0282	8	0.0248	8	0.0260	10	0.0311	10	0.0303	10
卓尼县	0.0475	4	0.0432	7	0.0464	7	0.0506	8	0.0464	9
玛曲县	0.0514	3	0.0768	2	0.0985	3	0.0804	3	0.0617	6
碌曲县	0.0948	1	0.0749	3	0.1425	1	0.1547	1	0.1538	1
夏河县	0.0458	6	0.0678	4	0.0731	4	0.0758	4	0.0758	3
康乐县	0.0359	7	0.0464	6	0.0569	6	0.0638	6	0.0692	4
临夏县	0.0239	9	0.0185	9	0.0588	5	0.0676	5	0.0618	5
和政县	0.0467	5	0.0475	5	0.0384	8	0.0615	7	0.0586	7
积石山保安族东乡族撒拉族自治县	0.0111	10	0.0148	10	0.032	9	0.0492	9	0.0511	8

4. 生态安全指数测算结果

生态安全指数反映的是甘南黄河生态功能区资源禀赋与环境压力状况,是衡量区域环境承载安全的重要指标。甘南黄河生态功能区内生态安全指数(见表5-15)差距较大,整体呈现下降趋势,但是近5年排名并未发生变化。2011年甘南黄河生态功能区生态安全指数在[0.0755,0.3457]区间,排名第一的县位于甘南藏族自治州,玛曲县的生态安全指数排名最高(0.3457),排名最低的县位于临夏回族自治州的康乐县(0.0755),2011年甘南黄河生态功能区生态安全指数由高到低排名依次是玛曲县、夏河县、碌曲县、卓尼县、合作市、临潭县、临夏县、和政县、积石山保安族东乡族撒拉族自治县和康乐县。2013年甘南黄河生态功能区生态安全指数在 [0.0456, 0.3447] 区间，2015年甘南黄河生态功能区生态安全指数在 [0.0260, 0.3443] 区间。2011—2015年，10个县市的生态安全指数发生较大变化。从时间上看，生态安全指数整体呈现下降趋势，且各县市生态安全指数排名十分稳定，未出现升降。

表 5-15　　　　甘南黄河生态功能区生态安全指数测算结果

名称	2011年		2012年		2013年		2014年		2015年	
	得分	排名	得分	排名	得分	排名	得分	排名	得分	排名
合作市	0.1843	5	0.1931	5	0.1584	5	0.1646	5	0.1616	5
临潭县	0.1644	6	0.1695	6	0.1486	6	0.1407	6	0.1368	6
卓尼县	0.2656	4	0.2654	4	0.2597	4	0.2582	4	0.2571	4
玛曲县	0.3457	1	0.3473	1	0.3447	1	0.3447	1	0.3443	1
碌曲县	0.2684	3	0.2688	3	0.2656	3	0.2650	3	0.2646	3
夏河县	0.2792	2	0.2785	2	0.2729	2	0.2725	2	0.2744	2
康乐县	0.0755	10	0.0912	10	0.0456	10	0.0335	10	0.0260	10
临夏县	0.1085	7	0.1139	7	0.0872	7	0.0740	7	0.0695	7
和政县	0.1030	8	0.1025	8	0.0810	8	0.0655	8	0.0557	8
积石山保安族东乡族撒拉族自治县	0.0936	9	0.0969	9	0.0722	9	0.0612	9	0.0555	9

五　甘南黄河生态功能区农户可持续生计安全指数的空间格局

利用空间数据可视化方法观察甘南黄河生态功能区农户可持续生计安全各维度在空间的分布状况，能够更好地揭示不同县域行政单元之间农户可持续生计安全的空间演变格局。运用自然断点分级法分别将2011年、2013年和2015年的经济效率指数、社会公平指数、生态安全指数和农户可持续生计安全分为4个级别（高度、中度、次中度和低度）。从整体上看，2011—2015年甘南黄河生态功能区的农户可持续生计安全空间格局未发生明显变化，总体上呈现"西南高、东北低"的空间格局和上升趋势，在自然断点不断提高，并且由西南到东北依次递减，碌曲县和玛曲县相对于其他县域行政单元，具有高度的农户可持续生计安全层级；夏河县、合作市和卓尼县的农户可持续生计安全属于中度；积石山保安族东乡族撒拉族自治县、康乐县属于低度；其中3个县域行政单元的农户可持续生计安全指数层级发生了变化，和政县的农户可持续生计安全由次中度降至低度；临潭县和临夏县的农户可持续生计安全由低度上升至次中度。

经济效率指数在空间格局上发生了较明显变化，空间格局由2011年的"中部高，四周低"到2013年的"西南高，东北低"再演化到2015年的"西高东低"的空间格局。其中，保持稳定的仅为合作市，合作市的经济效率一直属于高度；其余各县各有升降，其中西部牧区的变化较大，经济效率普遍提升。自2013年甘南黄河生态功能区生态保护与建设规划沙化草原综合治理示范项目实施以来，生态环境不断改善，草地沙化现象得到控制，农业产业发展效率不断提升，经济效率得到明显提升。2015年，除了卓尼县的经济效率指数属于低度，其他各县的都达到次中度以上：玛曲县的经济效率指数已经超越合作市，排名首位；康乐县、碌曲县和夏河县的经济效率指数属于中度；积石山保安族东乡族撒拉族自治县、临夏县、和政县和临潭县的经济效率指数属于次中度。

社会公平指数整体上呈现上升趋势，空间格局呈现出"中部高，四周低"的状态。中部合作市为甘南藏族自治州政府驻地，社会公共资源状况分布相对较好；周边地区尤其是西部牧区，由于当地农户以游牧方式为主，生产生活地点不固定，公共社会资源相对不足，社会公平状况相对较差。2015年积石山保安族东乡族撒拉族自治县和卓尼县的社会公平指数为低度；临夏县、和政县、康乐县、临潭县、玛曲县的社会公平指数为次中度；合作市和夏河县的社会公平指数为中度；碌曲县的社会公平指数为高度。

生态安全指数整体上呈现稳定态势，空间排名虽然未发生变化，但是自然断点的程度不断变化，空间格局也发生轻微变化。2011年与

2013年的空间格局相同，其中积石山保安族东乡族撒拉族自治县、临夏县、和政县、康乐县和临潭县为低度；合作市为次中度；夏河县、碌曲县和卓尼县为中度；玛曲县则属于高度。随着生态环境压力的不断加大，生态安全层级也出现下降趋势，如2015年积石山保安族东乡族撒拉族自治县、临夏县、和政县、临潭县均为次中度。

六　小结

甘南黄河生态功能区的农户可持续生计安全层级出现了明显的空间分异特征，通过对10个县市农户可持续生计安全层级的分析，西部牧区的玛曲县、碌曲县、夏河县、合作市和临夏县的农户可持续生计状况得到明显提升，而位于农业区的康乐县、临潭县、和政县、卓尼县和积石山保安族东乡族撒拉族自治县的农户可持续生计安全状况呈现下降趋势。值得一提的是，自《甘南黄河重要水源补给生态功能区生态建设和保护规划》实施以来，西部草原与湿地是政策实施的重点区域，通过控制放牧量减少草地沙化、退化和盐碱化，反而促进了经济效率提升。在生态安全指数相对较好的区域，农户的可持续生计安全水平相对较高，由此可以看出，生态环境保护并非与经济效率的提升相悖，尤其是在国家重点生态功能区，生态环境治理和改善反而会提高当地经济发展效率、促进社会基础设施完善和公共社会事业的发展，从而提升当地农户的可持续生计能力。

第四节　秦巴生态功能区农户可持续生计安全指数测度

一　生物多样性生态功能区简介

生物多样性生态功能区是我国国家重点生态功能区之一，其主要发展方向是：禁止对野生动植物滥捕滥采，努力维护并修复野生动植物物种和种群的均衡；提高抵御外来物种入侵的能力，降低外来有害物种对生态系统的侵害；加强对重要物种栖息地和自然生态系统的保护，杜绝因生态建设破坏物种栖息环境现象的发生。生物多样性保护生态功能区共有43个，总面积220.8万平方千米，占全国国土面积的23.1%。其中，国家和区域生态安全具有重要影响的生物多样性保护生态功能区主要包括秦岭—巴山、小兴安岭、三江平原湿地、长白山北部丘陵、辽河三角洲湿地、苏北滨海湿地、武夷山—戴云山、武陵山区、大瑶山区、昆仑山东段、东南沿海红树林等。

目前，生物多样性生态功能区存在的主要生态问题有：伴随着城镇化建设与农业、工业化开发，铁路、公路、水电水利基础设施的建设，矿产资源开采，人口增长，外来有害物种的入侵，过度放牧等，导致草地、林地、湿地、湖泊等绿色生态空间面积不断缩小，动植物生活环境割裂，生物多样性遭到严重破坏，一些珍稀动植物濒临灭绝，资源环境承载力下降。

二 研究区概况

1. 自然条件概况

秦巴生态功能区是我国生物多样性重点保护区域，横跨秦岭和大巴山两座山脉，西与青藏高原相望，东连江汉平原，北至渭河平原，南接四川平原，是我国中部地区生态屏障的重要组成部分。行政区域包括甘肃、陕西、四川、重庆和湖北5省市的46个县（区）（见表5-16），总面积为140005平方千米。区域内高山连绵，秦岭和大巴山横贯东西。其中秦岭作为我国中部地区东西走向的最大山脉，区域内全长约800千米，地势由东向西逐渐升高，海拔多分布在1500—3000米；巴山地处陕西、湖北、四川、重庆交界地带，区域内东西绵延300多千米，海拔多分布在1300—2000米。秦岭作为我国气候南北分界线，使该区域成为我国暖温带与北亚热带气候的过渡地带，年均气温为7—15℃，年均降水量为700—1000毫米，雨热同期，水热条件优越。同时，该区域也是我国黄河流域和长江流域的分水岭，汉江、丹江穿境而过，分布有湖泊、沼泽、人工湿地和河流4类湿地，占功能区土地面积的1.59%，4类湿地分别占湿地总面积的0.14%、1.36%、30.01%和68.49%。

2. 社会经济概况

秦巴生态功能区内总人口1497万，农业人口占总人口的比重为

81%。区域内人均 GDP 为 21702 元，而全国为 49730 元，人均 GDP 仅为全国的 43.64%，区域内第一产业增加值占区域生产总值的比重为 19%，而全国第一产业增加值占国内生产总值的比重为 9%，秦巴生态功能区高出全国 10 个百分点，农业生产仍旧是该区经济发展的重要生产方式之一。按照《中国农村扶贫开发纲要（2011—2020 年）》，该区域属于我国集中连片特困区域的秦巴山区，有 38 个国家级贫困县，占区域县域总数的 82.61%。从整体上看，秦巴生态功能区属于经济欠发达地区，在经济增长、社会进步等方面与全国相比存在较大差距。

表 5-16　　　　　　　　　秦巴生态功能区范围

省市	市、县（区）
甘肃	康县、两当县、迭部县、舟曲县、武都区、宕昌县、文县
陕西	凤县、太白县、洋县、勉县、宁强县、略阳县、镇巴县、留坝县、佛坪县、宁陕县、紫阳县、岚皋县、镇坪县、镇安县、柞水县、旬阳县、平利县、白河县、周至县、南郑县、西乡县、石泉县、汉阴县
四川	旺苍县、青川县、通江县、南江县、万源市
重庆	巫溪县、城口县
湖北	竹溪县、竹山县、房县、丹江口市、神农架林区、郧西县、郧阳区、保康县、南漳县

3. 生物多样性概况

秦巴生态功能区作为我国中部地区东西走向的最大山脉，由于地处中部北亚热带与暖温带的过渡地区，在区域南部形成了以北亚热带为基带的垂直自然带谱，在区域北部形成了以暖温带为基带的垂直自然带谱，所以在自然地理和动植物区划上存在明显的过渡带特点，主要表现为生态系统多样性和物种多样性。区域内分布有森林生态系统、农田生态系统、草原生态系统和湿地生态系统等，分别占区域国土总面积的 57.30%、11.47%、4.01% 和 1.59%。区域内动植物种类相当丰富，以仅占全国 1.46% 的国土面积，孕育着全国 8.25% 的脊椎动物和 12.34% 的维管束植物，有野生脊椎动物 550 多种，其中国家Ⅰ级重点保护动物 19 种、Ⅱ级重点保护动物 72 种，高等植物 4100 多种，国家Ⅰ级重点保护植物 6 种、Ⅱ级重点保护植物 26 种。①

三 秦巴生态功能区农户可持续生计指标体系构建

基于农户可持续生计指标体系中设置的目标层、调控层和准则层，秦巴生态功能区共遴选出 16 个具体的指标，在对数据进行标准化处理之后，使用标准离差法计算每个指标的权重（见表 5-17）。对各指标进行加权求和，计算得出秦巴生物多样性生态功能区农户可持续生计指标体系及指标权重值。

表 5-17　秦巴生态功能区农户可持续生计指标体系

目标层	调控层	准则层	指标层	指标权重值	指标方向
秦巴生物多样性生态功能区农户可持续生计指标体系	经济效率指数（0.3648）	非农产业发展效率（0.1347）	人均非农产业增加值	0.0422	正
			信息获取能力	0.0441	正
			产业结构	0.0484	正
		农业产业发展效率（0.1225）	人均第一产业增加值	0.0532	正
			人均农业机械总动力	0.0693	正
		潜在发展能力（0.1076）	教育机会	0.0671	正
			金融机会	0.0405	正
	社会公平指数（0.2302）	医疗服务能力（0.0604）	每千人医院床位数	0.0604	正
		财政支持力（0.0234）	财政自给率	0.0234	正
		社会福利机构服务能力（0.1464）	社会福利机构单位数	0.0544	正
			每千人社会福利机构单位床位数	0.0920	正

---

① 国家林业局：《秦巴生物多样性生态功能区生态保护与建设规划（2013—2020年）》，2013 年 12 月。

续表

目标层	调控层	准则层	指标层	指标权重值	指标方向
秦巴生物多样性生态功能区农户可持续生计指标体系	生态安全指数（0.4050）	资源禀赋（0.1723）	土地面积	0.0848	正
			禁止开发面积	0.0875	负
		环境压力（0.2327）	人口密度	0.0894	负
			经济密度	0.0781	负
			投资强度	0.0652	负

四　秦巴生态功能区农户可持续生计安全指数测度结果

从总体上看，秦巴生态功能区农户可持续生计安全指数在2011—2015年呈逐年下降趋势，从2011年的0.4146下降为2015年的0.4011，下降幅度为3.26%。细化分解：社会公平指数上升19.9%，对于农户可持续生计安全指数的提升起主要作用；经济效率指数上升4.8%，对于农户可持续生计安全指数的提升起次要作用；生态安全指数下降10.86%，是农户可持续生计安全指数下降的主要因素。从各县域的农户可持续生计安全指数大小上看，宁陕县的农户可持续生计安全指数得分最高（2015年为0.5117），周至县的农户可持续生计安全指数得分最低（2015年为0.2523）。

1. 农户可持续生计安全指数测算结果

基于农户可持续生计安全指数测度方法，可得出秦巴生态功能区各县域的农户可持续生计安全指数（见表5-18）。

2011年，秦巴生态功能区农户可持续生计安全指数在［0.3015，0.5439］区间，陕西宁陕县的农户可持续生计安全指数最高（0.5439），陕西周至县的农户可持续生计安全指数最低（0.3015），2011年秦巴生态功能区农户可持续生计安全指数排名从最高到最低依次为宁陕县、房县、太白县、平利县、镇坪县、竹山县、岚皋县、两当县、留坝县、南漳县、旬阳县、保康县、凤县、郧西县、佛坪县、迭部县、略阳县、镇安县、巫溪县、万源市、文县、柞水县、白河县、竹溪县、神农架林区、宁强县、旺苍县、康县、青川县、镇巴县、城口县、武都区、丹江口市、郧县、南江县、西乡县、洋县、舟曲县、宕昌县、汉阴县、勉县、通江县、石泉县、南郑县、紫阳县和周至县。

表5-18 秦巴生态功能区农户可持续生计安全指数测算结果

省份	县域	2011年		2012年		2013年		2014年		2015年	
		得分	排名	得分	排名	得分	排名	得分	排名	得分	排名
湖北	竹溪县	0.4187	24	0.4604	8	0.4545	8	0.4497	9	0.4431	11
	竹山县	0.4573	6	0.4504	13	0.4320	14	0.4803	4	0.4362	14
	房县	0.5032	2	0.5043	2	0.5105	2	0.4858	3	0.4870	4
	丹江口市	0.3925	33	0.3671	37	0.3659	39	0.3458	43	0.3312	43
	神农架林区	0.4101	25	0.4109	22	0.4127	22	0.4503	8	0.4472	10
	郧西县	0.4402	14	0.3912	29	0.4164	20	0.4113	22	0.3901	25
	郧县	0.3875	34	0.3803	33	0.3883	30	0.3818	30	0.3913	24
	保康县	0.4462	12	0.4415	17	0.4499	9	0.4463	13	0.4387	12
	南漳县	0.4533	10	0.4002	25	0.3761	34	0.3697	37	0.3628	38
重庆	巫溪县	0.4299	19	0.4468	14	0.4234	16	0.4130	20	0.4314	15
	城口县	0.3944	31	0.3977	27	0.3879	31	0.3701	36	0.3729	32
四川	旺苍县	0.4028	27	0.3907	31	0.3934	27	0.3844	28	0.3888	26
	青川县	0.4004	29	0.3982	26	0.3713	37	0.3680	38	0.3688	34
	通江县	0.3525	42	0.3415	42	0.3311	43	0.3590	41	0.3313	42
	南江县	0.3829	35	0.3753	34	0.3655	41	0.3611	40	0.3638	37
	万源市	0.4298	20	0.4228	20	0.4204	19	0.4115	21	0.4263	17
陕西	凤县	0.4412	13	0.4510	11	0.4438	12	0.4278	15	0.4190	19
	太白县	0.4921	3	0.4844	4	0.4842	4	0.4474	11	0.4591	6
	洋县	0.3718	37	0.3354	43	0.3689	38	0.3649	39	0.3486	41
	勉县	0.3541	41	0.3438	41	0.3433	42	0.3578	42	0.3624	39
	宁强县	0.4053	26	0.4271	19	0.4231	17	0.4248	16	0.4300	16
	略阳县	0.4315	17	0.4407	18	0.4478	11	0.4490	10	0.4565	7
	镇巴县	0.3968	30	0.4079	23	0.4300	15	0.4225	17	0.4190	18
	留坝县	0.4545	9	0.4604	9	0.4996	3	0.5053	2	0.5057	2
	佛坪县	0.4374	15	0.4429	16	0.4424	13	0.4423	14	0.4125	20

续表

省份	县域	2011年		2012年		2013年		2014年		2015年	
		得分	排名	得分	排名	得分	排名	得分	排名	得分	排名
陕西	宁陕县	0.5439	1	0.5449	1	0.5169	1	0.5117	1	0.5117	1
	紫阳县	0.3362	45	0.3909	30	0.3732	35	0.3774	32	0.3683	35
	岚皋县	0.4565	7	0.4650	6	0.4660	7	0.4613	6	0.4631	5
	镇坪县	0.4752	5	0.4813	5	0.4678	6	0.4507	7	0.4493	9
	镇安县	0.4307	18	0.4506	12	0.4531	9	0.4466	12	0.4365	13
	柞水县	0.4219	22	0.3857	32	0.4157	21	0.4102	23	0.3713	33
	旬阳县	0.4472	11	0.4454	15	0.4099	24	0.4053	25	0.4014	23
	平利县	0.4792	4	0.4867	3	0.4103	23	0.4161	18	0.4049	22
	白河县	0.4218	23	0.4047	24	0.3858	32	0.3746	35	0.3675	36
	周至县	0.3015	46	0.2968	46	0.2725	46	0.2569	46	0.2532	46
	南郑县	0.3383	44	0.3281	45	0.3255	44	0.3161	44	0.3099	44
	西乡县	0.3780	36	0.3751	35	0.4048	26	0.4137	19	0.4123	21
	石泉县	0.3440	43	0.3329	44	0.4206	18	0.4069	24	0.3532	40
	汉阴县	0.3627	40	0.3583	40	0.2932	45	0.2900	45	0.2703	45
甘肃	康县	0.4011	28	0.3937	28	0.3903	28	0.3887	26	0.3816	29
	两当县	0.4547	8	0.4515	10	0.3843	33	0.3823	29	0.4551	8
	迭部县	0.4327	16	0.4629	7	0.4732	5	0.4654	5	0.4964	3
	舟曲县	0.3683	38	0.3627	39	0.3658	40	0.3762	34	0.3741	31
	武都区	0.3938	32	0.3691	36	0.3727	36	0.3772	33	0.3800	30
	宕昌县	0.3677	39	0.3641	38	0.3887	29	0.3857	27	0.3850	27
	文县	0.4298	21	0.4191	21	0.4058	25	0.3800	31	0.3840	28
	均值	0.4146	—	0.4118	—	0.4082	—	0.4048	—	0.4011	

2013年秦巴生态功能区农户可持续生计安全指数在［0.2725，0.5169］区间，宁陕县得分最高（0.5169），周至县得分最低（0.2725），总得分由高到低依次是宁陕县、房县、留坝县、太白县、迭部县、镇坪县、岚皋县、竹溪县、镇安县、保康县、略阳县、凤县、佛坪县、竹山县、镇巴县、巫溪县、宁强县、石泉县、万源市、郧西县、柞水县、神农架林区、平利县、旬阳县、文县、西乡县、旺

苍县、康县、宕昌县、郧县、城口县、白河县、两当县、南漳县、紫阳县、武都区、青川县、洋县、丹江口市、舟曲县、南江县、勉县、通江县、南郑县、汉阴县和周至县。

2015年秦巴生态功能区农户可持续生计安全指数在［0.2532，0.5117］区间，宁陕县排名第一（0.5117），周至县仍是最低（0.2523），总排名依次是宁陕县、留坝县、迭部县、房县、岚皋县、太白县、略阳县、两当县、镇坪县、神农架林区、竹溪县、保康县、镇安县、竹山县、巫溪县、宁强县、万源市、镇巴县、凤县、佛坪县、西乡县、平利县、旬阳县、郧县、郧西县、旺苍县、宕昌县、文县、康县、武都区、舟曲县、城口县、柞水县、青川县、紫阳县、白河县、南江县、南漳县、勉县、石泉县、洋县、通江县、丹江口市、南郑县、汉阴县和周至县。

从各县排名的变动看，宁陕县、房县、镇坪县、岚皋县、留坝县的农户可持续生计安全指数始终稳定在前10位，周至县、南郑县、通江县、勉县、汉阴县的农户可持续生计安全指数始终位于后10位，变动幅度不大。从指数波动来看，有18个县的农户可持续生计安全指数波动上升，占县域总数的39.13%，其中迭部县上升幅度最大，为14.73%；有28个县的农户可持续生计安全指数波动下降，占县域总数的60.87%，其中汉阴县的下降幅度最大，为25.47%。

2. 经济效率指数测算结果

从人均非农产业增加值、信息获取能力、产业结构、人均第一产业增加值、人均农业机械总动力、教育机会和金融机会衡量各县域的经济效率，可得出秦巴生态功能区各县域的经济效率指数（见表5-19）。2011—2015年，秦巴生态功能区经济效率指数呈逐年上升趋势，从2011年的0.0833上升为2015年的0.0873，增长幅度为4.80%，但是各县域经济效率指数整体较低，最高仅为0.1646，可见秦巴生态功能区整体经济发展水平比较低。

2011年秦巴生态功能区经济效率指数在［0.0385，0.1423］区间，经济效率指数最高和最低的县域均在湖北，分别是南漳县（0.1423）和神农架林区（0.0385）。2011年秦巴生态功能区经济效率指数排名从最高到最低依次为南漳县、凤县、周至县、南江县、丹江口市、通江县、太白县、勉县、舟曲县、旺苍县、巫溪县、柞水县、万源市、旬阳县、白河县、留坝县、南郑县、保康县、洋县、武都区、镇安县、文县、石泉县、迭部县、城口县、宁陕县、郧西县、西乡县、房县、略阳县、汉阴县、镇坪县、镇巴县、竹山县、宁强县、青川县、两当县、佛坪县、紫阳县、竹溪县、平利县、康县、岚皋县、郧县、宕昌县和神农架林区。

表5-19　　秦巴生态功能区经济效率指数测算结果

省份	县域	2011年		2012年		2013年		2014年		2015年	
		得分	排名	得分	排名	得分	排名	得分	排名	得分	排名
湖北	竹溪县	0.0626	40	0.0767	30	0.0804	27	0.0819	29	0.0559	43
	竹山县	0.0703	34	0.0723	34	0.0798	28	0.0875	20	0.0919	18
	房县	0.0748	29	0.0786	28	0.0901	19	0.0775	33	0.0916	19
	丹江口市	0.1125	5	0.0976	9	0.1095	7	0.1097	6	0.1101	5
	神农架林区	0.0385	46	0.0396	46	0.0568	44	0.0559	42	0.0571	42
	郧西县	0.0775	27	0.0448	44	0.0786	30	0.0824	28	0.0671	38
	郧县	0.0542	44	0.0571	42	0.0740	35	0.0806	30	0.0852	24
	保康县	0.0839	18	0.0904	18	0.0944	14	0.0995	11	0.1026	11
	南漳县	0.1423	1	0.1098	6	0.1122	5	0.1166	3	0.1218	3
重庆	巫溪县	0.0975	11	0.0963	11	0.0912	17	0.0926	15	0.0976	14
	城口县	0.0798	25	0.0853	20	0.0871	21	0.0870	22	0.0705	35
四川	旺苍县	0.0981	10	0.0949	14	0.0939	15	0.0913	18	0.0902	21
	青川县	0.0688	36	0.0742	32	0.0572	43	0.0527	45	0.0489	46
	通江县	0.1116	6	0.1101	5	0.1024	9	0.1038	10	0.1027	10
	南江县	0.1135	4	0.1159	3	0.1177	2	0.1203	2	0.1523	2
	万源市	0.0971	13	0.0968	10	0.0965	12	0.0889	19	0.1049	9
陕西	凤县	0.1343	2	0.1450	1	0.1576	1	0.1634	1	0.1646	1
	太白县	0.1113	7	0.1107	4	0.1105	6	0.0919	16	0.0951	17
	洋县	0.0837	19	0.0690	37	0.0948	13	0.0966	13	0.0983	13

续表

省份	县域	2011年		2012年		2013年		2014年		2015年	
		得分	排名	得分	排名	得分	排名	得分	排名	得分	排名
陕西	勉县	0.0992	8	0.1010	8	0.1049	8	0.1065	8	0.1094	6
	宁强县	0.0701	35	0.0916	16	0.0829	26	0.0872	21	0.0882	22
	略阳县	0.0737	30	0.0860	19	0.0892	20	0.0861	23	0.0787	29
	镇巴县	0.0704	33	0.0732	33	0.0712	38	0.0716	36	0.0707	34
	留坝县	0.0899	16	0.0951	13	0.1020	10	0.1098	5	0.1166	4
	佛坪县	0.0675	38	0.0652	40	0.0640	41	0.0655	39	0.0644	40
	宁陕县	0.0777	26	0.0813	24	0.0741	34	0.0754	35	0.0754	32
	紫阳县	0.0655	39	0.0666	38	0.0669	39	0.0714	37	0.0728	33
	岚皋县	0.0551	43	0.0602	41	0.0625	42	0.0654	40	0.0673	37
	镇坪县	0.0704	32	0.0811	25	0.0716	37	0.0670	38	0.0683	36
	镇安县	0.0828	21	0.0942	15	0.0831	24	0.0836	26	0.0809	28
	柞水县	0.0975	12	0.0791	27	0.1125	4	0.1137	4	0.0817	27
	旬阳县	0.0922	14	0.1018	7	0.0922	16	0.0943	14	0.0959	16
	平利县	0.0619	41	0.0723	35	0.0731	36	0.0777	32	0.0780	30
	白河县	0.0918	15	0.0826	21	0.0778	32	0.0763	34	0.0760	31
	周至县	0.1195	3	0.1190	2	0.1150	3	0.1087	7	0.1056	8
	南郑县	0.0892	17	0.0916	17	0.0969	11	0.0990	12	0.0996	12
	西乡县	0.0767	28	0.0785	29	0.0829	25	0.1041	9	0.1067	7
	石泉县	0.0807	23	0.0821	22	0.0788	29	0.0780	31	0.0832	26
	汉阴县	0.0711	31	0.0765	31	0.0785	31	0.0831	27	0.0845	25
甘肃	康县	0.0568	42	0.0537	43	0.0522	46	0.0541	44	0.0509	45
	两当县	0.0687	37	0.0662	39	0.0641	40	0.0649	41	0.0670	39
	迭部县	0.0803	24	0.0813	23	0.0859	22	0.0852	24	0.0963	15
	舟曲县	0.0982	9	0.0961	12	0.0904	18	0.0918	17	0.0907	20
	武都区	0.0835	20	0.0805	26	0.0844	23	0.0846	25	0.0855	23
	宕昌县	0.0497	45	0.0434	45	0.0536	45	0.0548	43	0.0576	41
	文县	0.0808	22	0.0716	36	0.0769	33	0.0512	46	0.0557	44
	均值	0.0833	—	0.0834	—	0.0864	—	0.0868	—	0.0873	—

2013年秦巴生态功能区经济效率指数在［0.0522, 0.1576］区间，凤县的经济效率指数最高（0.1576），康县的经济效率指数最低（0.0522）。2013年秦巴生物多样性生态功能区经济效率指数排名从最高到最低依次为凤县、南江县、周至县、柞水县、南漳县、太白县、丹江口市、勉县、通江县、留坝县、南郑县、万源市、洋县、保康县、旺苍县、旬阳县、巫溪县、舟曲县、房县、略阳县、城口县、迭部县、武都区、镇安县、西乡县、宁强县、竹溪县、竹山县、石泉县、郧西县、汉阴县、白河县、文县、宁陕县、郧县、平利县、镇坪县、镇巴县、紫阳县、两当县、佛坪县、岚皋县、青川县、神农架林区、宕昌县和康县。

2015年秦巴生态功能区经济效率指数在［0.0489, 0.1646］区间，凤县的经济效率指数最高（0.1646），青川县的经济效率指数最低（0.0489）。2015年秦巴生态功能区经济效率指数排名从最高到最低依次为凤县、南江县、南漳县、留坝县、丹江口市、勉县、西乡县、周至县、万源市、通江县、保康县、南郑县、洋县、巫溪县、迭部县、旬阳县、太白县、竹山县、房县、舟曲县、旺苍县、宁强县、武都区、郧县、汉阴县、石泉县、柞水县、镇安县、略阳县、平利县、白河县、宁陕县、紫阳县、镇巴县、城口县、镇坪县、岚皋县、郧西县、两当县、佛坪县、宕昌县、神农架林区、竹溪县、文县、康县和青川县。

从各县（市、区）排名的变动看，丹江口市、南漳县、南江县、凤县、勉县和周至县的经济效率指数始终稳定在前10位，神农架林区、佛坪县、岚皋县、康县、两当县和宕昌县的经济效率指数始终位于后10位，变动幅度不大。从经济效率指数的波动幅度上看，有26个县波动上升，占县域总数的56.52%，其中湖北郧县上升幅度最大，为57.20%；有20个县波动下降，占县域总数的43.48%，其中甘肃文县的下降幅度最大，为31.06%。

3. 社会公平指数测算结果

秦巴生态功能区各县域的社会公平指数，如表5-20所示。2011—2015年，秦巴生态功能区社会公平指数呈逐年上升趋势，指数从

2011 年的 0.0616 上升为 2015 年的 0.0735，增长幅度为 19.32%，但是与经济效率指数存在相同情况，各县域的社会公平指数在样本期内较低，最高仅为 0.1513。可见，秦巴生态功能区社会公共服务供给需进一步增强。

表 5-20　　秦巴生态功能区社会公平指数测算结果

省份	县域	2011 年		2012 年		2013 年		2014 年		2015 年	
		得分	排名	得分	排名	得分	排名	得分	排名	得分	排名
湖北	竹溪县	0.0816	12	0.1162	7	0.1102	7	0.1100	6	0.1360	2
	竹山县	0.1176	5	0.1171	6	0.1001	9	0.1503	1	0.1130	4
	房县	0.0863	11	0.0894	12	0.0917	12	0.0829	15	0.0749	20
	丹江口市	0.1053	9	0.1128	9	0.1186	4	0.1145	5	0.1160	3
	神农架林区	0.0647	20	0.0666	22	0.0536	29	0.0942	12	0.0927	13
	郧西县	0.0806	13	0.0729	19	0.0708	20	0.0674	22	0.0692	26
	郧县	0.0551	25	0.0532	28	0.0558	26	0.0528	31	0.0709	23
	保康县	0.0762	16	0.0785	17	0.0987	10	0.1000	10	0.1008	10
	南漳县	0.0605	23	0.0633	24	0.0553	27	0.0597	25	0.0563	33
重庆	巫溪县	0.0434	28	0.0672	21	0.0552	28	0.0514	32	0.0705	24
	城口县	0.0638	21	0.0656	23	0.0617	24	0.0442	38	0.0636	29
四川	旺苍县	0.0538	26	0.0517	29	0.0606	25	0.0602	24	0.0675	28
	青川县	0.0611	22	0.0552	26	0.0468	36	0.0493	33	0.0548	35
	通江县	0.0193	41	0.0192	46	0.0247	44	0.0418	39	0.0433	39
	南江县	0.0447	27	0.0507	30	0.0530	31	0.0593	26	0.0411	40
	万源市	0.0657	19	0.0692	20	0.0725	18	0.0788	18	0.0798	19
陕西	凤县	0.0708	18	0.0865	13	0.0883	13	0.0825	16	0.0814	17
	太白县	0.0783	15	0.0743	18	0.0772	15	0.0623	23	0.0623	30
	洋县	0.0382	31	0.0270	41	0.0442	37	0.0464	36	0.0451	37
	勉县	0.0404	30	0.0461	32	0.0515	33	0.0539	30	0.0563	34
	宁强县	0.0349	33	0.0410	33	0.0523	32	0.0591	27	0.0693	25
	略阳县	0.0750	17	0.0801	15	0.0854	14	0.0894	13	0.0983	11
	镇巴县	0.0133	46	0.0259	43	0.0503	34	0.0547	29	0.0571	32

续表

省份	县域	2011年		2012年		2013年		2014年		2015年	
		得分	排名	得分	排名	得分	排名	得分	排名	得分	排名
陕西	留坝县	0.0565	24	0.0588	25	0.0923	11	0.0963	11	0.0936	12
	佛坪县	0.1196	3	0.1291	3	0.1334	1	0.1334	2	0.1081	8
	宁陕县	0.1295	1	0.1295	2	0.1105	6	0.1089	7	0.1089	7
	紫阳县	0.0142	45	0.0786	16	0.0713	19	0.0806	17	0.0830	16
	岚皋县	0.1186	4	0.1263	4	0.1315	2	0.1305	4	0.1383	1
	镇坪县	0.1162	6	0.1161	8	0.1147	5	0.1025	9	0.1025	9
	镇安县	0.0381	32	0.0545	27	0.0749	16	0.0777	19	0.0809	18
	柞水县	0.0404	29	0.0381	34	0.0442	38	0.0446	37	0.0467	36
	旬阳县	0.0803	14	0.0807	14	0.0653	21	0.0687	21	0.0746	21
	平利县	0.1265	2	0.1322	1	0.0632	22	0.0691	20	0.0709	22
	白河县	0.1018	10	0.1062	11	0.1041	8	0.1060	8	0.1091	6
	周至县	0.0184	42	0.0242	44	0.0234	45	0.0265	45	0.0283	45
	南郑县	0.0292	35	0.0286	37	0.0335	40	0.0354	42	0.0409	41
	西乡县	0.0240	40	0.0289	36	0.0625	23	0.0584	28	0.0610	31
	石泉县	0.0279	36	0.0276	39	0.1310	3	0.1312	3	0.0886	14
	汉阴县	0.1156	7	0.1235	5	0.0738	17	0.0837	14	0.0837	15
甘肃	康县	0.0273	37	0.0281	38	0.0291	42	0.0300	44	0.0307	44
	两当县	0.1068	8	0.1105	10	0.0469	35	0.0477	34	0.1123	5
	迭部县	0.0154	43	0.0471	31	0.0533	30	0.0469	35	0.0676	27
	舟曲县	0.0264	38	0.0271	40	0.0284	43	0.0352	43	0.0350	43
	武都区	0.0293	34	0.0330	35	0.0310	41	0.0392	41	0.0441	38
	宕昌县	0.0148	44	0.0231	45	0.0389	39	0.0405	40	0.0405	42
	文县	0.0244	39	0.0260	42	0.0084	46	0.0104	46	0.0114	46
	均值	0.0616	—	0.0676	—	0.0684	—	0.0711	—	0.0735	—

2011年秦巴生态功能区社会公平指数在 [0.0133, 0.1295] 区间，社会公平指数最高和最低的县域均出现在陕西，分别是宁陕县（0.1295）和镇巴县（0.0133）。2011年秦巴生态功能区社会公平指数排名从最高到最低依次为宁陕县、平利县、佛坪县、岚皋县、竹山

县、镇坪县、汉阴县、两当县、丹江口市、白河县、房县、竹溪县、郧西县、旬阳县、太白县、保康县、略阳县、凤县、万源市、神农架林区、城口县、青川县、南漳县、留坝县、郧县、旺苍县、南江县、巫溪县、柞水县、勉县、洋县、镇安县、宁强县、武都区、南郑县、石泉县、康县、舟曲县、文县、西乡县、通江县、周至县、迭部县、宕昌县、紫阳县和镇巴县。

2013年秦巴生态功能区社会公平指数在［0.0084，0.1334］区间，佛坪县的社会公平指数最高（0.1334），文县的社会公平指数最低（0.0084）。2013年秦巴生态功能区社会公平指数排名从最高到最低依次为佛坪县、岚皋县、石泉县、丹江口市、镇坪县、宁陕县、竹溪县、白河县、竹山县、保康县、留坝县、房县、凤县、略阳县、太白县、镇安县、汉阴县、万源市、紫阳县、郧西县、旬阳县、平利县、西乡县、城口县、旺苍县、郧县、南漳县、巫溪县、神农架林区、迭部县、南江县、宁强县、勉县、镇巴县、两当县、青川县、洋县、柞水县、宕昌县、南郑县、武都区、康县、舟曲县、通江县、周至县和文县。

2015年秦巴生态功能区社会公平指数在［0.0114，0.1383］区间，岚皋县的社会公平指数最高（0.1383），文县的社会公平指数最低（0.0114）。2015年秦巴生态功能区社会公平指数排名从最高到最低依次为岚皋县、竹溪县、丹江口市、竹山县、两当县、白河县、宁陕县、佛坪县、镇坪县、保康县、略阳县、留坝县、神农架林区、石泉县、汉阴县、紫阳县、凤县、镇安县、万源市、房县、旬阳县、平利县、郧县、巫溪县、宁强县、郧西县、迭部县、旺苍县、城口县、太白县、西乡县、镇巴县、南漳县、勉县、青川县、柞水县、洋县、武都区、通江县、南江县、南郑县、宕昌县、舟曲县、康县、周至县和文县。

从各县（市、区）排名的变动看，竹山县、佛坪县、岚皋县、宁陕县的社会公平指数始终稳定在前10位，周至县、文县、通江县、舟曲县的社会公平指数始终位于后10位且变动幅度不大。从社会公平指数的波动幅度上看，有31个县波动上升，占县域总数的

67.39%,其中陕西紫阳县上升幅度最大,为484.51%;有15个县波动下降,占县域总数的32.61%,其中甘肃文县的下降幅度最大,为53.28%。

4. 生态安全指数测算结果

从土地面积、禁止开发强度、人口密度、经济密度、投资强度五个方面衡量各县域的生态安全,得出秦巴生态功能区各县域的生态安全指数,如表5-21所示。2011—2015年,秦巴生态功能区生态安全指数呈逐年下降趋势,从2011年的0.2697下降为2015年的0.2404,下降幅度为10.86%。鉴于秦巴生态功能区的经济效率指数和社会公平指数在2011—2015年均呈增长趋势,所以秦巴生态功能区农户可持续生计安全指数的下降主要是由生态安全指数的下降导致的。

2011年秦巴生态功能区生态安全指数在[0.1636,0.3421]区间,湖北房县的生态安全指数最高(0.3421),陕西周至县的生态安全指数最低(0.1636)。2011年秦巴生态功能区生态安全指数排名从最高到最低依次为房县、迭部县、宁陕县、文县、康县、镇巴县、镇安县、留坝县、神农架林区、宕昌县、太白县、宁强县、平利县、巫溪县、镇坪县、保康县、柞水县、岚皋县、略阳县、郧西县、武都区、两当县、郧县、西乡县、旬阳县、竹溪县、青川县、竹山县、万源市、紫阳县、城口县、旺苍县、南漳县、佛坪县、洋县、舟曲县、凤县、石泉县、白河县、南江县、通江县、南郑县、勉县、汉阴县、丹江口市和周至县。

2013年秦巴生态功能区生态安全指数在[0.1341,0.3340]区间,甘肃迭部县的生态安全指数最高(0.3340),陕西周至县的生态安全指数最低(0.1341)。2013年秦巴生态功能区生态安全指数排名从最高到最低依次为迭部县、宁陕县、房县、文县、康县、镇巴县、留坝县、神农架林区、太白县、宕昌县、镇安县、宁强县、镇坪县、巫溪县、平利县、两当县、略阳县、岚皋县、青川县、郧西县、竹溪县、西乡县、柞水县、郧县、武都区、保康县、旬阳县、竹山县、万源市、舟曲县、佛坪县、城口县、旺苍县、紫阳县、洋县、石泉县、南漳县、通江县、白河县、凤县、南郑县、南江县、勉县、汉阴县、丹江口市和周至县。

2015年秦巴生态功能区生态安全指数在 [0.1021, 0.3325] 区间，甘肃迭部县的生态安全指数最高（0.3325），陕西汉阴县的生态安全指数最低（0.1021）。2015年秦巴生态功能区生态安全指数排名从最高到最低依次为迭部县、宁陕县、房县、文县、太白县、康县、神农架林区、留坝县、镇巴县、宕昌县、略阳县、镇坪县、两当县、镇安县、宁强县、青川县、巫溪县、岚皋县、平利县、郧西县、竹溪县、武都区、舟曲县、西乡县、柞水县、万源市、佛坪县、城口县、保康县、郧县、竹山县、旺苍县、旬阳县、紫阳县、洋县、勉县、通江县、南漳县、白河县、石泉县、凤县、南江县、南郑县、周至县、丹江口市和汉阴县。

表5-21　　　　秦巴生态功能区生态安全指数测算结果

省份	县域	2011年		2012年		2013年		2014年		2015年	
		得分	排名	得分	排名	得分	排名	得分	排名	得分	排名
湖北	竹溪县	0.2745	26	0.2675	25	0.2639	21	0.2579	21	0.2512	21
	竹山县	0.2694	28	0.2610	27	0.2520	28	0.2425	30	0.2314	31
	房县	0.3421	1	0.3363	1	0.3287	3	0.3255	3	0.3205	3
	丹江口市	0.1747	45	0.1567	45	0.1379	45	0.1216	46	0.1051	45
	神农架林区	0.3070	9	0.3048	8	0.3022	8	0.3001	6	0.2974	7
	郧西县	0.2822	20	0.2734	19	0.2670	20	0.2615	20	0.2539	20
	郧县	0.2782	23	0.2699	21	0.2584	24	0.2484	26	0.2352	30
	保康县	0.2861	16	0.2725	20	0.2569	26	0.2468	27	0.2352	29
	南漳县	0.2505	33	0.2272	36	0.2087	37	0.1934	39	0.1847	38
重庆	巫溪县	0.2889	14	0.2832	14	0.2769	14	0.2691	17	0.2633	17
	城口县	0.2509	31	0.2468	31	0.2390	32	0.2390	32	0.2387	28
四川	旺苍县	0.2509	32	0.2440	33	0.2388	33	0.2329	33	0.2310	32
	青川县	0.2705	27	0.2688	22	0.2673	19	0.2660	18	0.2651	16
	通江县	0.2216	41	0.2122	40	0.2040	38	0.2134	36	0.1854	37
	南江县	0.2246	40	0.2086	41	0.1949	42	0.1816	43	0.1704	42
	万源市	0.2670	29	0.2568	28	0.2514	29	0.2439	28	0.2416	26

续表

省份	县域	2011年		2012年		2013年		2014年		2015年	
		得分	排名	得分	排名	得分	排名	得分	排名	得分	排名
陕西	凤县	0.2361	37	0.2195	38	0.1979	40	0.1819	41	0.1731	41
	太白县	0.3025	11	0.2994	10	0.2966	9	0.2932	9	0.3018	5
	洋县	0.2498	35	0.2394	35	0.2299	35	0.2219	35	0.2053	35
	勉县	0.2145	43	0.1967	43	0.1869	43	0.1973	38	0.1967	36
	宁强县	0.3003	12	0.2945	12	0.2879	12	0.2785	13	0.2725	15
	略阳县	0.2828	19	0.2745	18	0.2732	17	0.2735	14	0.2796	11
	镇巴县	0.3132	6	0.3089	6	0.3086	6	0.2961	8	0.2913	9
	留坝县	0.3082	8	0.3066	7	0.3053	7	0.2992	7	0.2955	8
	佛坪县	0.2502	34	0.2486	30	0.2450	31	0.2434	29	0.2400	27
	宁陕县	0.3367	3	0.3341	3	0.3323	2	0.3274	2	0.3274	2
	紫阳县	0.2565	30	0.2457	32	0.2350	34	0.2254	34	0.2125	34
	岚皋县	0.2828	18	0.2786	16	0.2720	18	0.2654	19	0.2575	18
	镇坪县	0.2886	15	0.2840	13	0.2815	13	0.2812	12	0.2785	12
	镇安县	0.3098	7	0.3019	9	0.2951	11	0.2854	11	0.2747	14
	柞水县	0.2841	17	0.2685	23	0.2590	23	0.2519	23	0.2429	25
	旬阳县	0.2747	25	0.2628	26	0.2524	27	0.2423	31	0.2310	33
	平利县	0.2907	13	0.2823	15	0.2740	15	0.2694	16	0.2560	19
	白河县	0.2281	39	0.2159	39	0.2039	39	0.1924	40	0.1823	39
	周至县	0.1636	46	0.1536	46	0.1341	46	0.1217	45	0.1193	44
	南郑县	0.2199	42	0.2079	42	0.1951	41	0.1817	42	0.1694	43
	西乡县	0.2773	24	0.2677	24	0.2594	22	0.2512	24	0.2445	24
	石泉县	0.2353	38	0.2232	37	0.2109	36	0.1977	37	0.1814	40
	汉阴县	0.1760	44	0.1583	44	0.1408	44	0.1232	44	0.1021	46
甘肃	康县	0.3171	5	0.3119	5	0.3090	5	0.3046	5	0.3000	6
	两当县	0.2792	22	0.2748	17	0.2732	16	0.2697	15	0.2758	13
	迭部县	0.3370	2	0.3345	2	0.3340	1	0.3333	1	0.3325	1
	舟曲县	0.2438	36	0.2396	34	0.2471	30	0.2492	25	0.2484	23
	武都区	0.2810	21	0.2556	29	0.2573	25	0.2534	22	0.2505	22
	宕昌县	0.3031	10	0.2976	11	0.2963	10	0.2903	10	0.2869	10
	文县	0.3246	4	0.3215	4	0.3205	4	0.3185	4	0.3170	4
	均值	0.2697	—	0.2608	—	0.2535	—	0.2470	—	0.2404	

从各县域排名的变动看,房县、宁陕县、康县、迭部县和文县的生态安全指数始终稳定在前10位,周至县、汉阴县、丹江口市等的生态安全指数一直处于后10位,其余各县的排名变动幅度不大。从生态安全指数波动幅度上看,除舟曲县外,45个县域的生态安全指数在波动下降,其中陕西汉阴县下降幅度最大,为42.00%,下降幅度最小的为陕西太白县,为0.23%。

五 秦巴生态功能区农户可持续生计安全指数的空间格局

按照自然断点分级法,将2011年、2013年和2015年各县域的农户可持续生计安全指数、经济效率指数、社会公平指数和生态安全指数划分为"低度、次中度、中度和高度"四个层级。从总体上看,秦巴生态功能区的农户可持续生计安全空间格局发生明显变化。2011年,总体呈现出"中部低、四周高"的空间分布格局;到2015年演化为"中部高、四周低"的空间分布格局,自然断点不断下降,农户可持续生计安全指数整体呈现下降趋势。从时间上看,2011年,有10个县域的农户可持续生计安全层级属于低度,13个县域属于次中度,18个县域属于中度,5个县域属于高度。到2015年,农户可持续生计安全水平属于低度的县域个数下降为5个,属于次中度的县域个数上升为20个,属于中度的县域个数下降为17个,属于高度的县域个数下降为4个。农户可持续生计安全主要表现为次中度和中度,且集中程度在进一步上升,2011年农户可持续生计安全水平属于次中度和中度的县域数量占总量的比重为67.39%,2015年上升到80.43%。

秦巴生态功能区的经济效率指数的空间格局发生了区域性变化,生态功能区外围县域的经济效率指数呈下降趋势,中部地区县域的经济效率指数呈上升趋势。2011年,总体呈现出"中部高、东南低"的空间分布格局,到2015年演化为"中部低、东南高"的空间分布格局,自然断点不断上升,经济效率指数整体呈现上升趋势。2011年,有7个县域的经济效率指数属于低度,18个县域属于次中度,14个县域属于中度,7个县域属于高度,到2015年,经济效率指数属于低度的县域个数上升为11个,属于次中度的县域个数下降为14个,属于中度的县域个数上升为 19 个,属于高度的县域个数下降为 2 个。

秦巴生态功能区的社会公平指数的空间格局未发生明显变化。2011—2015 年,总体呈现出"东南向西北递减"的空间分布格局,自然断点不断上升,社会公平指数整体呈现上升趋势。2011 年,有 13 个县域的社会公平指数属于低度,10 个县域属于次中度,13 个县域属于中度,10 个县域属于高度。到 2015 年,社会公平指数属于低度的县域个数下降为 11 个,属于次中度的县域个数上升为 16 个,属于中度的县域个数下降为 11 个,属于高度的县域个数下降为 8 个。社会公平指数在次中度和中度的集中程度进一步上升,2011 年社会公平指数属于次中度和中度的县域数量占秦巴生态功能区县域数总量的比重为 50%,2015 年上升到 58.70%。

秦巴生态功能区生态安全指数的空间格局发生了显著变化,生态安全指数属于低度的县域数量明显增加,主要集中在南部片区。自然断点先上升后下降,生态安全指数整体呈现下降趋势。2011 年,有 3 个县域的生态安全指数属于低度,13 个县域属于次中度,18 个县域属于中度,12 个县域属于高度。到 2015 年,生态安全指数属于低度的县域个数上升为 10 个,属于次中度的县域个数保持不变,属于中度的县域个数下降为 13 个,属于高度的县域个数下降为 10 个。生态安全指数在次中度和中度的集中程度进一步下降,2011 年生态安全指数属于次中度和中度的县域数量占秦巴生态功能区县域数总量的比重为 67.39%,2015 年下降到 56.52%。

六 小结

2011—2015 年,秦巴生态功能区的农户可持续生计安全层级出现了显著的区域性差异,湖北、重庆、四川、陕西各县域的农户可持续生计安全层级呈下降趋势,甘肃各县域农户可持续生计安全层级呈上升趋势。通过对秦巴生态功能区 46 个县域的农户可持续生计安全层级进行分析发现,陕西的留坝县、紫阳县、略阳县、西乡县,甘肃的迭部县,湖北的神农架林区的农户可持续生计状况得到明显提升,而位于湖北的南漳县、郧西县和丹江口市,陕西的柞水县、平利县、汉阴县和周至县的农户可持续生计安全状况呈现明显下降趋势。自《秦巴生物多样性生态功能区生态保护与建设规划（2013—2020年）》实施以来，秦巴生物多样性生态功能区内部的森林生态系统面积占比从48.91%上升到49.03%，农田生态系统占比面积从21.94%下降到21.44%，生态环境逐步改善，但是，与此同时，建设用地面积占比有所增加，从2010年的0.39%上升到2015年的0.65%，人类活动面积扩大所造成的负面影响不可忽视，这可能是导致秦巴生态功能区农户可持续生计安全水平下降的主要因素。因此，应当继续严格执行国家重点生态功能区限制性的政策，在产业发展中尽量减少因片面追求经济效率提升的人类活动所造成的生态安全威胁，最大限度地保障秦巴生态功能区的生物多样性。

第六章 沿黄河流域深度贫困地区农户生计状态指数测度

本章研究区域是位于山西省境内的沿黄河流域深度贫困地区（以下简称山西沿黄深度贫困地区），该区域主要位于黄土高原丘陵沟壑水土保持重点生态功能区内的吕梁山区集中连片特困地区，也是国家级贫困县最为集中，且贫困程度较深的深度贫困地区，包括13个国家级扶贫开发工作重点县，分别为临汾市的吉县、隰县、大宁、永和、汾西5县，吕梁市的临县、兴县、石楼3县，忻州市的河曲、保德、偏关、静乐、岢岚5县。本章的研究主要是分析不同区域主体在深度贫困地区的农业状态指数、基础设施状态指数、医疗卫生状态指数、经济状态指数、可利用食物状态指数以及综合指标生计状态水平，以为减小区域差异、实现可持续发展提供政策依据。

第一节 研究区概况

山西沿黄深度贫困地区所涵盖的13个国家级扶贫开发工作重点县，总面积为22164平方千米，占山西面积的14.14%。总人口为226万人，占山西人口总量的6.17%，而其GDP总量仅为山西的2.80%。山西沿黄深度贫困地区自然条件较差、生态环境脆弱，水土流失达到2.7亿吨，占到三门峡之前流域泥沙总量的16.90%。山西沿黄深度贫困地区各县域缺乏主导产业，无明显产业特色，整体发展相对滞后，区域内生态补偿机制不健全，区域发展的内生动力不足，农民群众文化素质相对偏低，缺乏脱贫能力。

一 经济总量偏小，发展相对滞后

从总体来看，山西沿黄深度贫困地区 GDP 总量为 368 亿元，人均 GDP 仅为 16289.88 元，不到当年山西人均 GDP 的一半（2015 年），仅为全国人均 GDP 的 1/3，经济发展比较落后。从各县域比较来看，山西沿黄深度贫困地区不同县域经济体之间也存在较大差别，其中经济总量最高的为忻州市的保德县，经济总量最低的为临汾市的大宁县，具体情况如图 6-1 所示。

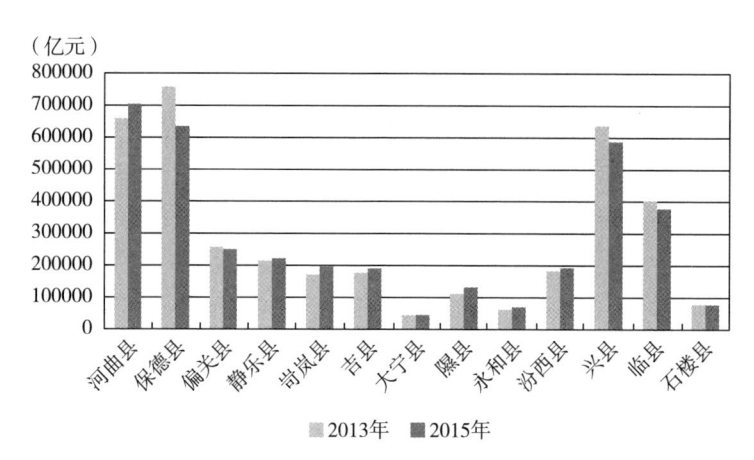

图 6-1 山西沿黄深度贫困地区的地区生产总值状况

二 产业结构失调且层次较低

山西沿黄深度贫困地区产业结构失调且层次较低。从生产总值构成来看，2015 年山西沿黄贫困地区的产业结均为"二三一"结构，产业结构严重失调。在经济较发达的河曲县、保德县、兴县、临县，第二产业的比例高达 50% 以上，第一产业的比例要高于第三产业；在经济欠发达的偏关县、静乐县、岢岚县、隰县、永和县以及汾西县等，农业所占比例较高，几乎可达到 30%（见图 6-2）。区内经济结构不合理主要表现在第一产业比重较高，第二产业技术含量低，第三产业落后。具体而言，因煤炭资源极其丰富，第二产业长期以采掘业和原材料加工为主要生产方式的重工业为主，产业结构处于初级化阶段，产业链单一、产品附加值低，因此经济效益较低。区内的农业长期以种植业为主，大部分耕地基本采用较为粗放经营的方式，加之水土流失严重，单位农作物产量和人均耕地面积均低于全国平均水平，且制造业和以集约化生产为特征的农业发展水平不高，同时第三产业发展水平落后，从而区域经济系统表现为高耗能、高成本和低效益，资源环境承载压力较大的特征。

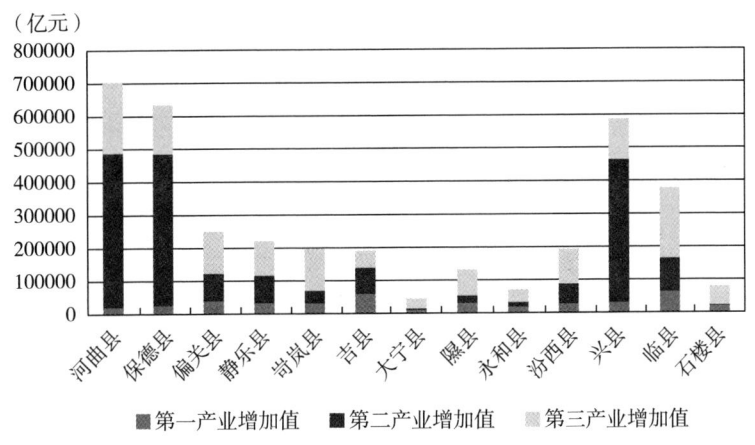

图 6-2 山西沿黄深度贫困地区的地区生产总值构成状况

三 医疗卫生公共资源分布不均，社会保障设施有待健全

山西沿黄深度贫困地区医疗卫生资源供给不足，缺乏基层医疗基础设施和医疗人才，各县社会公共服务状况差距较大（见图 6-3）。

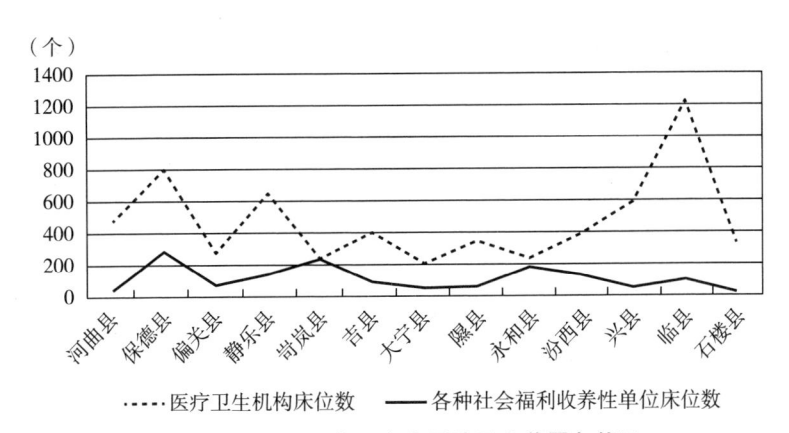

图 6-3 山西沿黄深度贫困地区公共服务状况

虽然大部分县和乡镇的医疗救助与新型农村合作医疗和城乡居民基本医疗保险制度已达到全覆盖，但仍有部分困难群众由于经济压力而因病返贫。同时，社会福利和养老保障程度相对较低，社会保障设施有待进一步健全和完善。

第二节　山西沿黄深度贫困地区农户生计状态指标体系构建

山西沿黄深度贫困地区属于生态脆弱与贫困的重叠区域，经济发展与生态保护的优先顺序问题长期存在。在深度贫困区内，资源丰富、经济落后、环境污染的现象并存，在国家重点生态功能区限制资源开采的生态保护政策下，直接导致了制度性贫困的发生，生态保护与经济发展的矛盾更加突出。因此，在现行国家重点生态功能区限制性生态保护政策下，分析当地农户生计状态发生的变化及定量的测度至关重要。

一　农户生计状态指数及测度方法

关于生计状态的测度，Pal Vivek、Shiyani R. L. 和 Ardeshna N. J. (2014) 最早建立了生计状态指数（Livelihood Status Index，LSI），分析落后的古吉拉特邦农户生计状态的时空变化，指出生计状态指数（LSI）是衡量区域农户贫困与不平等的重要工具。该指数是包含农业状态指数、基础设施状态指数、医疗卫生状态指数、经济状态指数和可利用食物状态指数的综合指数，是一种强有力的政策工具，用于分析不同区域的农业状态指数、基础设施状态指数、医疗卫生状态指数、经济状态指数、可利用食物状态指数以及综合指标生计状态水平。由于国内外学者的相关研究并不多，本书立足第三章农户可持续生计研究框架和研究方法，试图构建农户生计状态指数，结合指标的可得性与可比性，对生计状态指标体系做了部分调整，从农户的生态状态指数（ECSI）、社会状态指数（SSI）与经济状态指数（ESI）三方面共同计算得到山西沿黄深度贫困地区农户生计状态指数。

二 农户生计状态指标体系的构建

基于山西沿黄深度贫困地区的实际状况与数据的可得性，从经济、社会、生态三个方面进行指标体系构建。在三个维度的指标下，分别设置具体指标（见表6-1）。通过农业产业状态、非农产业状态

表6-1 山西沿黄深度贫困地区农户生计状态指标体系及权重值

目标层	调控层	准则层	指标层	指标方向
山西沿黄贫困地区农户生计状态指标体系及权重值	经济状态指数 X_1（0.3539）	农业产业状态（0.1145）	人均第一产业增加值 X_{11}（0.0662）	正
			人均非传统农业面积比 X_{12}（0.0483）	正
		非农业产业状态（0.1292）	人均非农产业增加值 X_{13}（0.0679）	正
			产业关联能力 X_{14}（0.0614）	正
		潜在发展机会状态（0.1101）	金融机会 X_{15}（0.0610）	正
			就业机会 X_{16}（0.0491）	正
	社会状态指数 X_2（0.2985）	受教育状态（0.0497）	每千人学生数量 X_{21}（0.0497）	正
		医疗卫生服务状态（0.0596）	每千人医院床位数 X_{22}（0.0596）	正
		财政服务状态（0.0628）	财政自给率 X_{23}（0.0628）	正
		社会福利机构服务状态（0.1264）	每千人福利机构单位数 X_{24}（0.0547）	正
			每千人福利机构单位床位数 X_{25}（0.0717）	正
	生态状态指数 X_3（0.3476）	资源禀赋（0.1604）	土地面积 X_{31}（0.0702）	正
			禁止开发面积 X_{32}（0.0902）	负
		环境压力（0.1872）	人口密度 X_{33}（0.0668）	负
			投资密度 X_{34}（0.0620）	负
			经济强度 X_{35}（0.0548）	负

注：因四舍五入导致的误差不做调整。

与潜在发展机会状态衡量区域内农户所处的经济状态。经济状态指数下选取了非农产业状态、农业产业状态与潜在发展机会状态三个准则层指标，其中，非农产业状态包括人均非农产业增加值、产业关联能力；农业产业状态包括人均第一产业增加值、人均非传统农业面积比（机收面积与设施农业面积之比）；潜在发展机会状态包括就业机会与金融机会。社会状态涉及再分配的问题，财政支付与福利水平是国民收入再分配、实现社会公平的重要内容。在社会公平方面，选取受教育状态、医疗卫生服务状态、财政服务状态与社会福利机构服务状态为准则层指标，其中，社会福利机构服务状态包括每千人福利机构单位数和每千人福利机构单位床位数。资源与环境是生态安全的重要体现，主要从资源禀赋与环境压力两方面来测度当地农户的生活状态。

三 测度方法介绍

山西沿黄深度贫困地区农户生计状态指数（LSI）由经济状态指数（ESI）、社会状态指数（SEI）以及生态状态指数（ECSI）三部分构成。首先对所得数据采用极差标准化方法去除量纲及数量级对研究结果的影响，标准化公式为：

正向指标：$\bar{x}_{ij} = \dfrac{x_{ij} - \min_i x_{ij}}{\max_i x_{ij} - \min_i x_{ij}}$

负向指标：$\bar{x}_{ij} = \dfrac{x_{ij} - \max_i x_{ij}}{\min_i x_{ij} - \max_i x_{ij}}$

其中，正向指标使用公式标准化，负向指标使用公式标准化，$\bar{x}_{ij}$ 为标准化后的数据。

$$ESI_j = \sum_{i=1}^{6} \omega_i \bar{x}_{ij}$$

其中，ESI_j 表示第 j 个地区经济状态指数，ω_i 为指标权重。

$$SSI_j = \sum_{i=7}^{11} \omega_i \cdot \bar{x}_{ij}$$

其中，SSI_j 表示第 j 个地区社会公平指数，ω_i 为指标权重。

$$ECSI_j = \sum_{i=12}^{16} \omega_i \cdot \bar{x}_{ij}$$

其中，$ECSI_j$ 表示第 j 个地区生态安全指数，ω_i 为指标权重。

$$LSI_j = W_1 ESI_j + W_2 SSI_j + W_3 ECSI_j$$

其中，LSI_j 表示第 j 个地区农户的生计状态指数。W_i（$i=1$，2，3）为调控层指数的权重。

山西沿黄深度贫困地区农户生计状态指数以及次级指数的等级分类如表 6-2 所示。

表 6-2　山西沿黄深度贫困地区农户生计状态指数等级分类

指数范围	类型
$0 \leqslant LSI_j < 0.2$	极低状态
$0.2 \leqslant LSI_j < 0.4$	较低状态
$0.4 \leqslant LSI_j < 0.6$	中级状态
$0.6 \leqslant LSI_j < 0.8$	良级状态
$0.8 \leqslant LSI_j \leqslant 1$	优级状态

对山西沿黄深度贫困地区农户生计状态指数的制约因素进行分析，并对不同的制约因素予以分类（见表 6-3）。

表 6-3　山西沿黄深度贫困地区农户生计状态指数制约因素划分

指数	类型
经济状态最低	经济状态制约型
社会状态最低	社会状态制约型
生态状态最低	生态状态制约型

第三节　山西沿黄深度贫困地区农户生计状态指数测度结果分析

山西沿黄深度贫困地区农户生计状态指数的测度结果如表 6-4 所示。从时间上看，2013 年、2015 年农户生计状态指数相当，未发生明显变化，且整体处于较低的状态；从空间上看，2013 年、2015 年的社会状态指数、生态状态指数、经济状态指数与生计状态指数呈现"北高南低"的空间分布状况，农户的生计状态均处于较低水平。

一 经济状态指数测算结果

从时间上看，山西沿黄深度贫困地区农户生计的经济状态从2013—2015年有一定程度的提高，2013年与2015年相比，经济状态指数未发生明显变化。从空间上看，当地农户所处的区域经济发展存在差距，但相较于社会状态与生态状态差距较小，在空间上呈现"北高南低"的状态。其中，2015年河曲县的经济状态指数排名第一，保德县的经济状态指数排名第二，但是也仅处于中级状态；偏关县、岢岚县、汾西县、吉县与兴县的经济状态指数处于较低状态；静乐县、临县、永和县、隰县、石楼县和大宁县的经济状态指数处于极低状态。

二 社会状态指数测算结果

山西沿黄深度贫困地区农户生计的社会状态从2013—2015年发生了明显的变化，其中影响最大的因素为财政自给率，由于县域经济发展水平较低，主要依靠初级产品与资源型产业，因而公共财政收入受煤炭价格波动影响较大。从空间上看，当地农户所处的社会状态差距较大，呈现出"北高南低"的状态。其中，2015年保德县的社会状态指数水平排名第一，处于良级状态；河曲县、岢岚县、永和县的社会状态指数处于中级状态；偏关县、静乐县、吉县、大宁县、隰县、汾西县、兴县、石楼县的社会状态指数处于较低状态；临县的社会状态指数处于极低状态。

三 生态状态指数测算结果

从2013—2015年，山西沿黄深度贫困地区农户生计的生态状态基本比较稳定，未发生明显变化。从空间上看，山西沿黄深度贫困地区的农户所处的生态状态总体较好，差距相对较小。其中，2015年岢岚、偏关县的生态状态指数水平排名靠前，处于优级状态；静乐县、大宁县、永和县、临县、兴县、石楼县的生态状态指数处于良级状态；汾西县、河曲县、吉县、隰县的生态状态指数处于中级状态；保德县的生态状态指数处于较低状态。

四 农户生计状态指数测度结果

基于农户生计状态指数的测算，可得出山西沿黄深度贫困地区农

第六章 沿黄河流域深度贫困地区农户生计状态指数测度

户生计状态指数测度结果（见表6-4）。从时间上看，山西沿黄深度贫困地区农户的生计状态从2013年至2015年略有下降，其中最主要的原因是财政自给率的下降而导致的社会状态指数的下降。对于山西沿黄深度贫困地区的13个国家级贫困县而言，由于长期的以初级产品为主与资源型产业依赖，受资源价格波动的影响较为明显。从空间上看，山西沿黄深度贫困地区的农户生计状态指数差距较大，总体上呈现出"北高南低"的状态。2013年大部分县市的农户生计状态指数处于中级状态。其中，岢岚县生计状态指数水平排名第一，处于良级状态；河曲县、保德县、偏关县、静乐县、吉县、大宁县、永和县和汾西县处于中级状态；隰县、兴县、临县、石楼县处于较低状态。2015年大部分县市的农户生计状态指数有所下降。其中，岢岚县的生计状态较2013年有所下降，但仍处于良级状态；河曲县、保德县、偏关县、静乐县、永和县和汾西县的社会状态指数处于中级状态；吉县、大宁县、隰县、兴县、临县、石楼县的社会状态指数处于较低状态。

表6-4　山西沿黄深度贫困地区农户生计状态指数结果分析

年份	县域	经济状态	排序	社会状态	排序	生态状态	排序	生计状态	排序	制约因素分析
2015	河曲县	0.5486	1	0.4345	4	0.5021	12	0.4984	3	社会状态制约型
	保德县	0.4779	2	0.6449	1	0.3638	13	0.4881	4	生态状态制约型
	偏关县	0.3942	3	0.2923	8	0.8067	2	0.5072	2	社会状态制约型
	静乐县	0.1666	8	0.3889	5	0.7938	4	0.4510	6	经济状态制约型
	岢岚县	0.3805	4	0.5694	2	0.8529	1	0.6011	1	经济状态制约型
	吉县	0.2695	6	0.3462	6	0.5577	10	0.3925	8	经济状态制约型
	大宁县	0.0564	13	0.2596	10	0.7587	5	0.3611	9	经济状态制约型
	隰县	0.1229	11	0.2684	9	0.5181	11	0.3037	13	经济状态制约型
	永和县	0.1294	10	0.4705	3	0.7970	3	0.4633	5	经济状态制约型
	汾西县	0.3528	5	0.3006	7	0.5654	9	0.4111	7	社会状态制约型
	兴县	0.2157	7	0.2055	11	0.6366	8	0.3590	10	社会状态制约型
	临县	0.1463	9	0.0070	13	0.7391	6	0.3108	12	社会状态制约型
	石楼县	0.1064	12	0.2002	12	0.6736	7	0.3316	11	经济状态制约型

续表

年份	县域	经济状态	排序	社会状态	排序	生态状态	排序	生计状态	排序	制约因素分析
2013	河曲县	0.5417	1	0.4945	5	0.5616	12	0.5346	3	社会状态制约型
	保德县	0.4855	2	0.5589	2	0.3821	13	0.4715	5	生态状态制约型
	偏关县	0.3806	4	0.5027	4	0.8053	2	0.5647	2	社会状态制约型
	静乐县	0.2035	8	0.3082	9	0.8113	1	0.4460	7	经济状态制约型
	岢岚县	0.3654	5	0.6549	1	0.8049	4	0.6046	1	经济状态制约型
	吉县	0.2597	6	0.3770	6	0.5695	11	0.4024	9	经济状态制约型
	大宁县	0.1435	11	0.3135	8	0.7649	5	0.4103	8	经济状态制约型
	隰县	0.1624	9	0.3029	10	0.6585	8	0.3768	10	经济状态制约型
	永和县	0.1605	10	0.5390	3	0.8053	3	0.4976	4	经济状态制约型
	汾西县	0.4001	3	0.3572	7	0.5873	10	0.4524	6	社会状态制约型
	兴县	0.2223	7	0.2262	11	0.6482	9	0.3715	11	社会状态制约型
	临县	0.1339	12	0.1628	13	0.7552	6	0.3585	12	社会状态制约型
	石楼县	0.1140	13	0.1885	12	0.6712	7	0.3299	13	社会状态制约型

通过对2013年、2015年山西沿黄深度贫困地区农户生计状态指数进行分析可知，13个国家级扶贫开发重点县的制约因素基本未发生变化，其中，只有石楼县的制约因素类型由2013年的社会状态制约型变为2015年的经济状态制约型；河曲县、偏关县、汾西县、兴县、临县属于社会状态制约型；静乐县、岢岚县、吉县、大宁县、隰县、永和县属于经济状态制约型；保德县属于生态状态制约型。

第四节 本章小结

本章通过构建农户生计状态指数，测度了山西沿黄深度贫困地区农户生计状态，了解了当地农户所处的经济状态、社会状态与生态状态。结果显示，山西沿黄深度贫困地区的农户生计状态指数均处于较低的水平，经过指数排序与制约性因素分析，大部分地区生态状态较好而经济状况不理想，因而要将当地的生态优势转化为经济优势，改善当地农户的生计状态。

第一，因地制宜，制定各县区发展策略。根据山西沿黄深度贫困地区各县区农户生计状态测度结果中所得的状态及制约因素，制订科学发展规划，做好有针对性的政策框架设计，将生态扶贫作为重要途径来统筹考虑。应紧密结合主体功能区规划和国家重点生态功能区建设的要求，按照重点发展区、农业发展区、生态保护区等的不同类别，科学制定区域发展规划，并明确时间表、路线图和任务书。

第二，继续加大力度，推动生态扶贫产业。黄河流域的深度贫困地区生态环境脆弱、经济发展潜力不足、社会公共服务能力低下，主要地形为黄土高原丘陵沟壑区，适宜通过发展山区林等绿色产业来改善当地农户的生计状态。通过发展绿色经济，将当地的生态优势转化为经济优势，增强经济发展活力，改善农户生计资本，调动农户积极性。首先，大力推动林业经济的发展，充分挖掘区内的山林资源，积极发展特色经济林产业，如隰县玉露香梨、吉县苹果等，推进林下经济促农增收工程，通过生态建设与生态产品自用，实现生态脱贫。其次，发展特色农业，通过构建特色农业产业园与特色农产品文化庄园等，并通过农业合作社提高种植技术与销售渠道，实现品牌效应；积极优化和调整农业结构，打造区域特色农业板块。最后，利用区内得天独厚的生态资源优势，发展生态旅游，加快打造沿黄旅游带，以沿黄旅游公路为依托，利用乡村的生态、民俗、红色旅游资源，振兴传统手工业，发展特色文化产业，推动当地生态旅游业的发展。

第三，继续完善生态补偿机制。须尽快推动山西沿黄深度贫困地区生态补偿机制的完善。首先，加大对沿黄深度贫困地区的财政支持力度，建立各级造林补贴力度，各类补贴资金要覆盖到新型农业经营主体。其次，尽快推动探索公益林生态效益补偿机制，鼓励当地村民建造公益林，经验收合格后由政府购买，使更多的农民通过购买式造林的方式实现增收。最后，开展碳排放交易权试点，利用山西沿黄深度地区各县良好的森林等生态系统，进一步探索碳汇交易机制，将其形成的碳汇项目通过交易获得资金，改善区域内的生态环境，实现增收脱贫。

第四，提高潜在发展机会，改善金融环境。山西沿黄深度贫困地区农户的经济状态指数普遍不高，生态状态指数普遍高于经济状态指数，经济状态指数是制约当前农户生计可持续性的重要原因。因此，要推动金融扶贫的发展，具体包括金融扶贫工作机制的完善、金融扶贫服务和产品的创新与推广、增加小额信贷投入与支持力度、提升当地金融服务效率和强化贫困地区金融消费者权益保护。

第五，社会公共服务供给的改善。继续不断完善山西沿黄深度贫困地区的社会公共服务供给水平和供给质量。首先，应提高当地农户的受教育水平，尤其加大推广职业教育，提升农户的整体受教育水平，从而提高农业生产效率。其次，实现社会公共卫生医疗、财政支出、社会福利的公平供给，对于增强农户的获得感、维护社会公平团结、形成良好的社会秩序具有积极意义。最后，农村公共服务供给的均等化配置，对于改善农村生产、生活条件，缩小城乡差距，实现乡村振兴战略具有重要作用。

第七章 吕梁山集中连片特困地区绿色减贫效果评估

在全国脱贫攻坚的决胜期,国家重点生态功能区不仅要精准脱贫,还要实现生态环境保护前提下的脱贫。因此,须对国家重点生态功能区进行绿色减贫效果评估。

绿色减贫是一种符合当前可持续发展理念下的扶贫方式,也是国家重点生态功能区实现高质量发展的重要途径。2017年6月,习近平总书记在调研山西深度贫困地区后强调,在扶贫开发过程中要注重绿色扶贫。绿色减贫效果评估有利于督促在改善贫困地区经济状况的同时提高当地的生态系统服务功能,是"两山论"在现实中的检验,也是对全面脱贫目标的考核。本章抽取黄土高原丘陵沟壑水土保持重点生态功能区和国家集中连片特困地区的交叉区域——吕梁山集中连片特困地区作为研究区域,对其长期开展的绿色减贫的效果进行评估,识别其绿色减贫效果的不同类型,进而提出针对性的提升策略。

第一节 研究区概况

一 自然条件概况

吕梁山集中连片特困地区是我国14个集中连片特困区之一,也属于深度贫困地区,位于我国北方半干旱地区,属于黄土高原丘陵沟壑水土保持国家重点生态功能区,占地面积3.64万平方千米,涉及山西省与陕西省共20个国家级贫困县,具体县域包括静乐县、神池县、五寨县、岢岚县、吉县、大宁县、隰县、永和县、汾西县、兴县、临县、石楼县、岚县、横山县、绥德县、米脂县、佳县、吴堡县、清涧县和子洲县。该地区具有水土流失严重、生态环境脆弱、自然条件恶劣、产业基础薄弱、基础设施滞后、经济可持续发展能力弱等特征，2016年吕梁山集中连片特困地区农村居民人均可支配收入增长速度为9%，超过全国农村平均水平，但是较其他国家重点生态功能区增长幅度仍偏低，因此该区域具有一定的典型性，其区域绿色减贫效果的提升对我国其他国家重点生态功能区实现绿色减贫具有重要意义。

二 经济社会发展情况

（一）产业发展基础薄弱，经济绿色发展程度相对较低

集中连片特困地区是脱贫攻坚的主战场。随着扶贫开发力度不断加大，近年来，吕梁山集中连片特困地区的经济水平得到一定程度的提升。吕梁山集中连片特困地区的地区生产总值2011—2016年总体呈现上升趋势（见图7-1），仅在2015年略微下降，且下降幅度不大，从2011年的490.5万元上升为2016年的682.9万元，6年内增长了39.2%；产业结构也逐渐优化，2013—2015年第三产业增加值比重明显增加，但是在2016年第三产业增加值有所下降，下降了1.42%。农业仍是吕梁山集中连片特困地区的主要产业，但是受自然条件的影响，生产条件相对较差，规模普遍偏小，农业现代化程度低，且大多以生产初始农产品为主，没有形成农产品深加工、储存和产业链。

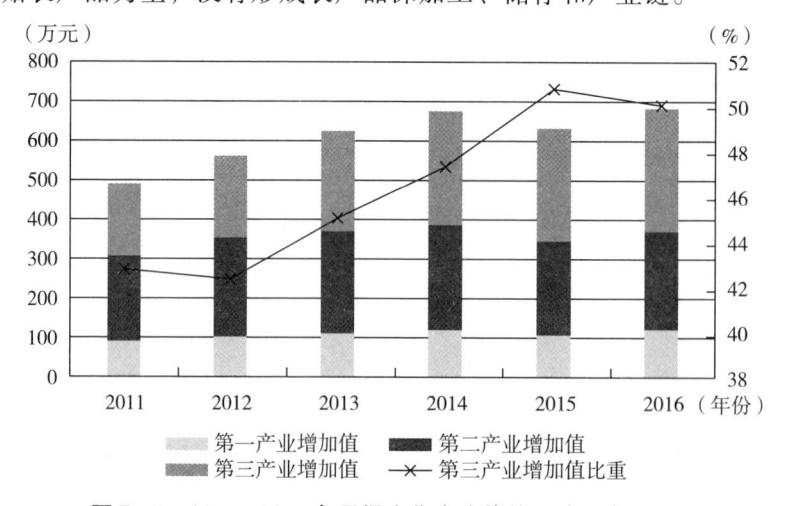

图7-1 2011—2016年吕梁山集中连片特困地区产业结构

对吕梁山集中连片特困地区的经济发展状况进行分省域分析能够看出，山西与陕西的地区生产总值在 2011—2016 年呈现上升趋势（见图 7-2），仅在 2015 年略有下降，这与吕梁山集中连片特困地区的地区生产总值发展趋势相同，但在经济结构优化方面表现出明显的差异。

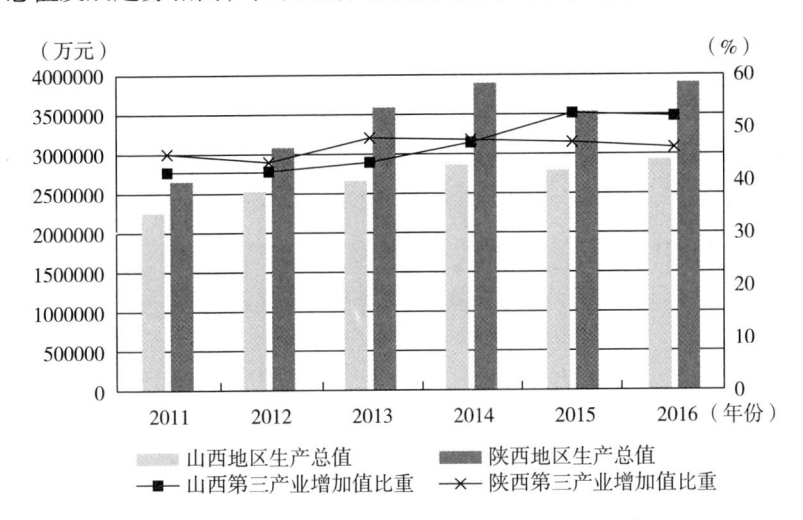

图 7-2 2011—2016 年吕梁山集中连片特困地区分省域情况

2011—2016 年吕梁山集中连片特困地区的公共财政收入、公共财政支出、居民储蓄存款余额、年末金融机构贷款余额、固定资产投资均呈现不同程度的上升趋势，如图 7-3 所示。在一定程度上表明吕梁山集中连片特困地区的经济发展水平不断好转，且对扶贫开发的支持力度不断加大，具体表现为金融扶贫方面，该地区的年末金融机构贷款余额从 2011 年的 1984816 万元上升为 2016 年的 4611694 万元，上升了 132%。

（二）生态环境脆弱，发展面临经济与环境双重压力

深度贫困地区与国家重点生态功能区在地理空间上的高度重叠加大了脱贫难度。吕梁山集中连片特困地区经济发展落后、生态环境脆弱共存的特征尤为明显，该地区 20 个县域中有 17 个属于黄土高原丘陵沟壑水土保持生态功能区，重叠率高达 85%。受禁止开发与限制开发政策的影响，该地区以资源开发为收入来源的农户生计能力严重减弱。

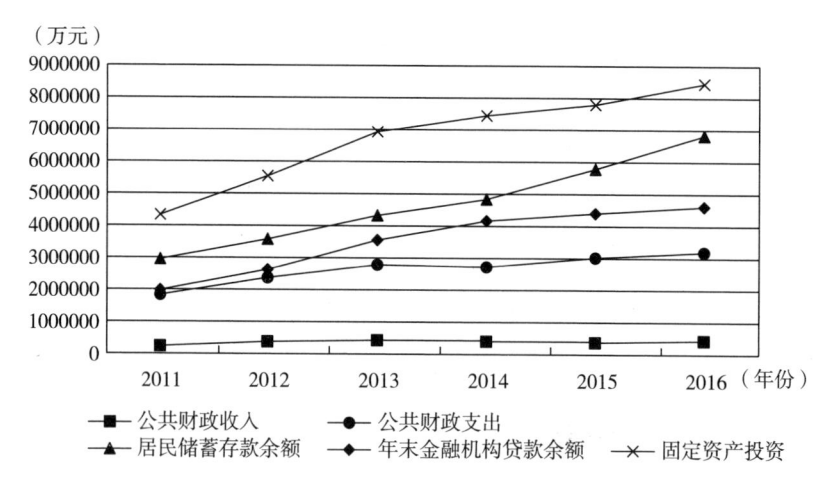

图 7-3　2011—2016 年吕梁山集中连片特困地区各经济指标

自然环境恶劣，水土流失严重，干旱、冰雹等自然灾害频发，农业生产活动面临巨大的风险。从图 7-4 中能够看出，吕梁山集中连片特困地区的粮食产量除在各县域之间存在明显的差异外，同一县域在不同的年份也存在明显的波动性。除此之外，农业生产活动对环境造成的负效应也在逐年增加，近年来吕梁山集中连片特困地区的化肥施用量呈现上升趋势，从 2011 年的 14.0417 万吨上升为 2016 年的 15.3105 万吨。

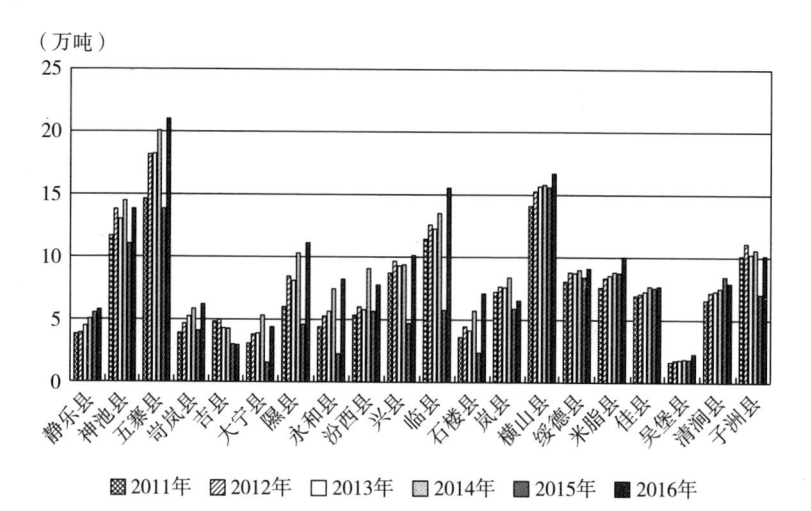

图 7-4　吕梁山集中连片特困地区各县域粮食产量

(三) 社会公共服务水平相对较低

《中国农村贫困监测报告（2016）》数据显示，吕梁山集中连片特困地区的"有小学且就学便利的行政村比重"与"拥有合法行医证医生/卫生员的行政村比重"两个指标在所有集中连片特困地区中属于较低水平，分别为40%和79%。2011—2016年吕梁山集中连片特困地区公共服务各指标发展趋势如图7-5所示，小学在校学生数、固定电话用户呈现明显的减少趋势，医疗卫生机构床位数及各种社会福利收养性单位床位数虽呈现逐年增加的趋势，但增加幅度较小。具体而言，小学在校学生数从2011年的29.1712万人下降为2016年的15.9084万人，下降了45.5%；固定电话用户从2011年的38.9462万户下降为2016年的14.9641万户，下降了61.6%。深度贫困地区社会公共服务与全国平均水平在数量与质量上均具有一定差距。

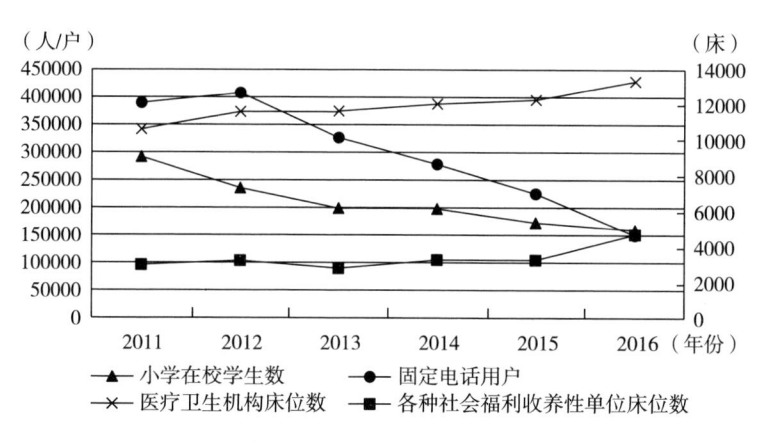

图7-5 2011—2016年吕梁山集中连片特困地区
公共服务各指标发展趋势

第二节 吕梁山集中连片特困地区绿色减贫效果评估指标体系构建

2018年5月，习近平总书记在全国生态环境保护大会上提出五大生态体系,即以生态价值观念为准则的生态文化体系、以产业生态化和生态产业化为主体的生态经济体系、以改善生态环境质量为核心的目标责任体系、以治理体系和治理能力现代化为保障的生态文明制度体系、以生态系统良性循环和环境风险有效防控为重点的生态安全体系。基于五大生态体系,将绿色发展理念植入扶贫开发,即脱贫攻坚在扶贫方式选择和项目具体实施过程中,注重绿色理念,将国家重点生态功能区绿色发展与精准脱贫有效结合。在此基础上,基于农户可持续生计理论和研究框架,仍然重点考虑经济效率、生态安全、社会公平以及减贫成效四个维度,构建绿色减贫效果评估指标体系,进而计算绿色减贫指数,以作为绿色减贫效果的衡量工具。绿色减贫指数与其影响因素构成特定函数关系,被解释变量为绿色减贫指数,解释变量为研究区域的经济增长绿化度、资源利用与环境保护程度、社会发展能力、扶贫开发与减贫效果四个维度的关键性指标。因此,绿色减贫效果评估的框架可以函数形式表示:

$$EPRI = f(EGD, RED, SDC, PRE)$$

其中,$EPRI$ 为绿色减贫指数(Eco-green Poverty Reduction Index),EGD 为经济增长绿化度(Economic Greening Degree),RED 为资源利用与环境保护程度(Resource Utilization & Environmental Protection Degree),SDC 为社会发展能力(Social Development Capacity),PRE 为扶贫开发与减贫效果(Poverty Reduction Effect)。

在绿色减贫指数框架构建的基础上,结合吕梁山集中连片特困地区自然、生态、文化资源禀赋和经济条件等多方面因素的影响,构建吕梁山集中连片特困地区绿色减贫效果评估的指标体系(见表7-1),指标体系仍分为目标层、调控层、准则层和指标层4个层次:第一层为目标层,反映国家重点生态功能区绿色减贫效果总体水平;第二层为调控层,包括绿色减贫的四个支撑系统;第三层为准则层,对四个维度进行具体细化;第四层为指标层,包括21个具体指标。

一 经济增长绿化度

"经济增长绿化度"调控层主要表征经济发展的绿色化水平。该调控层被细分为产业生态化与生态产业化两个准则层。产业生态化的内涵为现有产业发展的现代化、机械化和结构合理化程度，包括3个具体变量，其中设施农业占地面积、农机使用经济效率、第三产业增加值比重分别用来反映农业绿色化程度、农业机械化水平与产业结构的优化程度。生态产业化则指区域生态资源禀赋的发展水平。选取粮食产出优势系数来体现区域农产品生产水平对本区域的保障程度，以及农业资源的使用效率。

二 资源利用与环境保护程度

"资源利用与环境保护程度"调控层主要表征资源的利用效率及生产活动对环境造成的负效应。该调控层分为生态系统良性循环、环境风险有效防控两个准则层。其中，生态系统良性循环反映区域生态活力，包含人均播种面积和自然保护区面积两个具体指标，分别体现农业资源承载压力与区内资源禀赋状况。环境风险有效防控包含农用化肥负荷系数和劳均农林牧渔业产值两个具体指标。农用化肥负荷系数反映了农业生产活动对环境造成的损害程度，采用播种面积/农用化肥施用量的公式进行计算，农用化肥负荷系数越高则农业生产活动对环境的负效应越小。劳均农林牧渔业产值主要表征单位从业人员创造的农业GDP，在一定程度上反映了区内劳动力资源利用状况。资源的投入水平与利用效率会对绿色减贫的效果造成影响，区域发展对资源的利用效率越高，相同水平资源要素投入条件下，带来的经济效益就越高，有利于该地区经济发展资源投入压力的减轻和生态环境的保护与恢复。

三 社会发展能力

"社会发展能力"调控层主要表征社会发展对绿色减贫效果的影响程度。该调控层，分为社会自我发展与社会公共服务两部分内容。社会自我发展体现了自我发展能力，具体指标包括财政自给率、人口密度与社会消费品零售总额，分别从财政收入对支出的贡献、单位面积人口数与市场活力三个方面衡量吕梁山集中连片特困地区的社会发展状况。社会公共服务水平的提高有利于实现经济包容性发展，确保经济欠发达地区能够从全国整体经济快速发展中获益，并阻断贫困的代际传递。该准则层包括教育机会、医疗服务能力、社会福利能力与固定电话普及率四个具体指标。其中，教育机会、医疗服务能力、社会福利能力反映区域教育、医疗与福利事业的发展水平，固定电话普及率体现了区内的信息化发展水平，在一定程度上反映了吕梁山集中连片特困地区居民接收信息的能力。

四 扶贫开发与减贫效果

"扶贫开发与减贫效果"调控层主要表征吕梁山集中连片特困地区扶贫开发的实施状况。该调控层包含扶贫开发效果与政府支持力度两部分内容。其中，扶贫开发效果包含农村居民人均可支配收入、人均储蓄和人均贷款三个具体指标，农村居民人均可支配收入反映农村居民的经济水平，是衡量吕梁山集中连片特困地区贫困状况的重要指标，人均储蓄与人均贷款反映了居民的金融资产水平。政府支持力度准则层从固定资产投资强度和公共财政支出密度两个角度衡量。

表7-1 吕梁山集中连片特困地区绿色减贫效果评估指标体系

目标层	调控层	准则层	指标层	计算方法
绿色减贫效果评估指标体系	经济增长绿化度	产业生态化	设施农业占地面积 x_1	—
			农机使用经济效率 x_2	农业增加值/农业机械总动力
			第三产业增加值比重 x_3	第三产业增加值/地区生产总值
		生态产业化	粮食产出优势系数 x_4	（区域粮食总产量/常住人口）/（全国粮食总产量/全国人口数量）
			农林牧渔业产出比重 x_5	农林牧渔产出值/地区生产总值
	资源利用与环境保护程度	生态系统良性循环	人均播种面积 x_6	播种面积/乡村人口
			自然保护区面积 x_7	—
		环境风险有效防控	农用化肥负荷系数 x_8	播种面积/农用化肥施用量
			劳均农林牧渔业产值 x_9	农林牧渔业产值/农林牧渔业从业人员
	社会发展能力	社会自我发展	财政自给率 x_{10}	公共财政收入/公共财政支出
			人口密度 x_{11}	常住人口/总面积
			社会消费品零售总额 x_{12}	—
		社会公共服务	教育机会 x_{13}	每万人中小学在校学生数
			医疗服务能力 x_{14}	每万人医疗机构床位数
			社会福利能力 x_{15}	每百万人福利机构床位数
			固定电话普及率 x_{16}	固定电话用户/总户数

续表

目标层	调控层	准则层	指标层	计算方法
绿色减贫效果评估指标体系	扶贫开发与减贫效果	扶贫开发效果	农村居民人均可支配收入 x_{17}	—
			人均储蓄 x_{18}	居民储蓄存款余额/人
			人均贷款 x_{19}	年末金融机构贷款余额/人
		政府支持力度	固定资产投资强度 x_{20}	单位面积土地固定资产投资强度
			公共财政支出密度 x_{21}	单位面积土地公共财政支出密度

第三节 吕梁山集中连片特困地区绿色减贫效果的测度方法

一 指标权重设定

指标权重是吕梁山集中连片特困地区绿色减贫效果评估的关键环节，是测度结果科学合理的重要因素。指标权重确定的两类基本方法有主观法和客观法。在两类基础方法之上，为克服单一赋权方法使用的局限，部分学者将两类赋权方法进行综合使用。由于绿色减贫的多目标性，以及研究区域范围较广且差异较大，采用主观赋权方法难以客观反映吕梁山集中连片特困地区绿色减贫的实际情况，同时单一权重方法的误差又较大。因此，以标准离差法（W_{1j}）结合熵值法（W_{2j}）来确定指标的权重（见表7-2）。

二 评估的具体计算方法

吕梁山集中连片特困地区绿色减贫效果评估选择加权TOPSIS方法，该方法在对数据标准化与赋权的基础上，通过评价各研究对象与正负理想解的加权欧式距离得到计算结果。

（一）构建规范化决策矩阵

$$C = (X)_{m \times n}$$

其中，C为规范化决策矩阵。

表7-2　吕梁山集中连片特困地区绿色减贫效果评估指标的权重

目标层	调控层	准则层	指标层	W_{1j}	W_{2j}	W_j
绿色减贫效果评估指标体系	经济增长绿化度	产业生态化	设施农业占地面积	0.05779	0.10905	0.12449
			农机使用经济效率	0.05091	0.03652	0.03673
			第三产业增加值比重	0.05387	0.01257	0.01338
		生态产业化	粮食产出优势系数	0.03563	0.03666	0.02581
			农林牧渔业产出比重	0.05355	0.02536	0.02683
	资源利用与环境保护程度	生态系统良性循环	人均播种面积	0.07264	0.04722	0.06776
			自然保护区面积	0.06312	0.16899	0.21074
		环境风险有效防控	农用化肥负荷系数	0.04503	0.03998	0.03557
			劳均农林牧渔业产值	0.02407	0.05483	0.02607
	社会发展能力	社会自我发展	财政自给率	0.05152	0.06715	0.06834
			人口密度	0.06242	0.02653	0.03271
			社会消费品零售总额	0.04544	0.05871	0.05271
		社会公共服务	教育机会	0.02392	0.01747	0.00825
			医疗服务能力	0.04330	0.04035	0.03452
			社会福利能力	0.05837	0.06007	0.06927
			固定电话普及率	0.03067	0.04128	0.02501
	扶贫开发与减贫效果	扶贫开发效果	农村居民人均可支配收入	0.06258	0.03084	0.03813
			人均储蓄	0.04524	0.02379	0.02126
		政府支持力度	人均贷款	0.04056	0.02969	0.02379
			固定资产投资强度	0.03433	0.02965	0.02011
			公共财政支出密度	0.04502	0.04331	0.03852

注：因四舍五入导致的误差不做调整。

(二) 确定指标值与正负理想解之间的距离

分别计算各指标值与正负理想解之间的加权欧式距离。

$$D_k^+ = \sqrt{\sum_{j=0}^{n}(X^+ - X_{ij})^2 W_j}$$

$$D_k^- = \sqrt{\sum_{j=0}^{n}(X^- - X_{ij})^2 W_j}$$

其中，$X^+ = (X_{1\max}, X_{2\max}, X_{3\max}, \cdots, X_{21\max})$，为绿色减贫效果

的正理想解；$X^- = (X_{1\min}, X_{2\min}, X_{3\min}, \cdots, X_{21\min})$，为绿色减贫效果的负理想解；$D_k^+$ 与 D_k^- 分别为研究区域各维度最终值与正负理想解的加权欧式距离。

(三) 计算与最优解的接近程度

与正理想解的接近程度 C_k 为各县域绿色减贫效果的综合得分。计算方法如下所示：

$$C_k = D_k^- / (D_k^+ + D_k^-)$$

其中，C_k 越接近于 1，表明该区域的绿色减贫效果越好；C_k 越接近于 0，表明该区域的绿色减贫效果越差。

通过上述方法，利用 2011—2016 年面板数据，对吕梁山集中连片特困地区绿色减贫效果进行评估。

第四节　吕梁山集中连片特困地区绿色减贫效果的测度结果

绿色减贫指数代表绿色减贫效果的总体水平，基于绿色减贫效果评估的指标体系，构建绿色减贫指数来对吕梁山集中连片特困地区各县域的绿色减贫效果进行评估，并通过雷达图分析绿色减贫效果在时间维度上的变化趋势，同时绘制出 2011—2016 年绿色减贫效果及各维度的空间分布图，由低到高分为低度、较低度、较高度和高度四个级别。

一　绿色减贫效果测度结果分析

通过绿色减贫指数测算，得出 2011—2016 年吕梁山集中连片特困地区 20 个县域的结果及排名，如表 7-3 所示。从测度结果可以看出，各县域的绿色减贫指数总体偏低，得分区间从最高的 2011 年神池县 (2.96037) 到最低的 2012 年静乐县 (1.19348)，反映出绿色减贫效果总体上还不明显。从各县域得分分布看，某些年份得分高于 2.50 的有神池县、绥德县、五寨县、横山县和吴堡县，其余县域得分均介于 1.19—2.50，表明各县域绿色减贫效果区域差异较小。

表7-3　　2011—2016年吕梁山集中连片特困地区绿色减贫效果测度结果

地区	2011年		2012年		2013年	
	分数	排名	分数	排名	分数	排名
静乐县	1.51271	16	1.19348	20	1.36711	20
神池县	2.96037	1	2.40140	2	2.35697	4
五寨县	2.12224	4	2.24542	5	2.45711	3
岢岚县	1.76980	9	1.93616	9	1.97262	8
吉县	1.62405	12	1.77765	12	1.88088	13
大宁县	1.25752	20	1.35418	19	1.60752	19
隰县	1.40390	18	1.59331	17	1.88447	12
永和县	2.05505	6	2.19172	6	2.08190	7
汾西县	1.67121	10	1.78016	11	1.94239	10
兴县	1.84824	7	1.97006	8	1.95705	9
临县	1.58291	14	1.70968	14	1.65902	16
石楼县	1.59936	13	1.69871	15	1.61955	18
岚县	1.53956	15	1.86914	10	1.72938	14
横山县	2.07022	5	2.32730	3	2.45750	2
绥德县	2.29515	2	2.90511	1	2.56037	1
米脂县	1.64612	11	1.75111	13	1.89835	11
佳县	1.50543	17	1.55306	18	1.71749	15
吴堡县	1.80569	8	2.00829	7	2.18626	6
清涧县	2.17421	3	2.28495	4	2.24605	5
子洲县	1.37092	19	1.59493	16	1.62390	17
地区	2014年		2015年		2016年	
	分数	排名	分数	排名	分数	排名
静乐县	1.57806	19	1.66366	17	1.81647	16
神池县	2.41925	4	2.38595	5	2.38845	7
五寨县	2.58969	2	2.44565	4	2.89725	2
岢岚县	2.07883	10	2.08956	9	2.29505	9
吉县	1.87014	13	1.67259	16	1.74157	18
大宁县	1.52046	20	1.33169	20	1.49390	20
隰县	1.87523	12	1.76493	14	1.93000	14

续表

地区	2014 年		2015 年		2016 年	
	分数	排名	分数	排名	分数	排名
永和县	2.14620	9	1.93881	11	2.22877	11
汾西县	2.27109	6	2.00453	10	2.14748	12
兴县	2.16627	8	2.13389	7	2.29107	10
临县	1.80761	14	1.90417	12	1.94330	13
石楼县	1.66846	17	1.63798	18	1.75564	17
岚县	1.60813	18	1.54856	19	1.64893	19
横山县	2.32776	5	2.49331	3	2.59411	4
绥德县	2.67422	1	2.61360	1	2.87934	3
米脂县	2.01726	11	2.09420	8	2.43018	5
佳县	1.69795	16	1.73715	15	2.32799	8
吴堡县	2.57776	3	2.54699	2	2.96915	1
清涧县	2.25470	7	2.18683	6	2.39467	6
子洲县	1.75284	15	1.76985	13	1.90884	15

绿色减贫指数得分最高的是吴堡县，吴堡县绿色减贫效果从 2011—2016 年呈现逐渐上升的趋势，2011—2013 年排名从第 8 名上升为第 6 名，2014 年上升较为明显，进入前 3 名之内，在 2014—2016 年从第 3 名上升为第 1 名，这是由于吴堡县的社会发展能力、扶贫开发与减贫效果分别在 2013 年与 2014 年有了相对较大的提升。从不同的评价维度分析，吴堡县各维度得分差异较大，2016 年吴堡县经济增长绿化度、资源利用与环境保护程度处于较低水平，社会发展能力、扶贫开发与减贫效果处于高水平，说明吴堡县在绿色减贫中存在短板，需要进一步加强经济绿色发展、资源节约与环境保护。排名最后的为大宁县，仅在 2012 年、2013 年有了小幅度的上升，但仍处于低水平。从不同维度分析，2016 年大宁县资源利用与环境保护程度、社会发展能力、扶贫开发与减贫效果均处于低水平。

2011—2016 年吕梁山集中连片特困地区各县域绿色减贫效果变化趋势如图 7-6 所示。在时间维度上，吕梁山集中连片特困地区各县域绿色减贫效果总体呈现逐年上升趋势，除绥德县、吉县、汾西县、岚县、神池县、大宁县外，其余县域的绿色减贫指数均在 2016 年达到最大值。其中，神池县绿色减贫指数的变化趋势最为特殊，在2011年达到最大值2.96031，为吕梁山集中连片特困地区的首位，主要原因为神池县2011年的社会发展能力与经济增长绿化度明显高于其他年份，表明神池县在这两个方面的优势减弱，需要继续加强社会公共服务与经济绿色发展的建设力度。

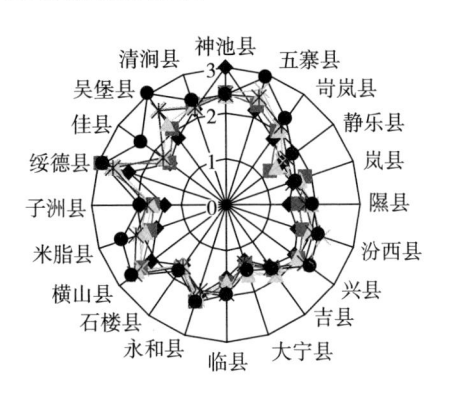

图7-6　2011—2016年吕梁山集中连片特困地区各县域绿色减贫效果变化趋势

基于表7-3的分析结果，将绿色减贫指数评估结果分为四个级别，分别是低度 [0.19348，1.63740)，较低度 [1.63740，2.08132)，较高度 [2.08132，2.52524) 和高度 [2.52524，2.96915]，吕梁山集中连片特困地区中大部分县域的绿色减贫指数处于较低水平且处于高度的县逐年增多。从空间上看，吕梁山集中连片特困地区绿色减贫效果整体呈现"北高南低"的空间分布格局，越靠近南端，绿色减贫效果越差，这是由于该区域处于山西与陕西的交界处，呈现"＜"形，南部交通不便、生态环境更加脆弱，绿色减贫效果不显著。

二　分维度的评估结果分析

进一步计算吕梁山集中连片特困地区绿色减贫效果的各维度结果（见图7-7）。从各维度结果来看，经济增长绿化度、资源利用与环境保护程度的得分在2011—2016年仅在部分县域有所上升，且上升幅度较小，区域间也表现出明显的差异 [见图7-7（a）和图7-7

（b）］。经济增长绿化度得分较高的为绥德县、清涧县、神池县、隰县和永和县，其中绥德县的经济增长绿化度在各年均位列第1，除神池县、五寨县、大宁县、永和县、岚县各年的得分有明显差异外，其余县域的各年得分基本没有变化。资源利用与环境保护程度中兴县的得分在各年均明显高于其他县域。社会发展能力各县域的得分差异较小［见图7-7（c）］，神池县与佳县的各年得分差异较大，神池县从2011—2016年有明显降低趋势，说明神池县的社会自我发展能力与社会公共服务易发生波动。大部分县域的扶贫开发与减贫效果呈现逐年上升的趋势，如图7-7（d）所示，吴堡县的扶贫开发与减贫效果得分最大，表明吕梁山集中连片特困地区的扶贫开发工作成效显著。

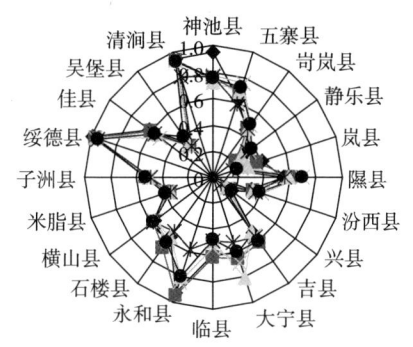

（a）经济增长绿化度

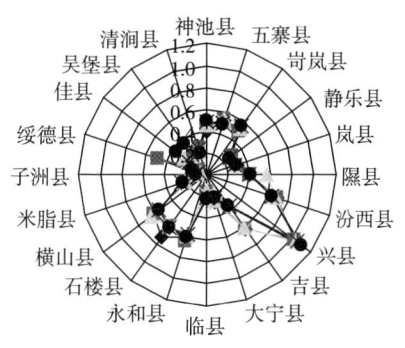

（b）资源利用与环境保护程度

图7-7　2011—2016年吕梁山集中连片特困地区绿色减贫效果各维度变化趋势

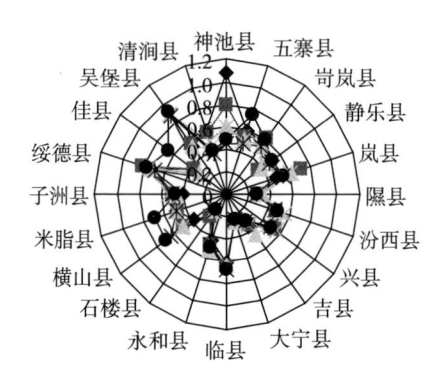

(c) 社会发展能力

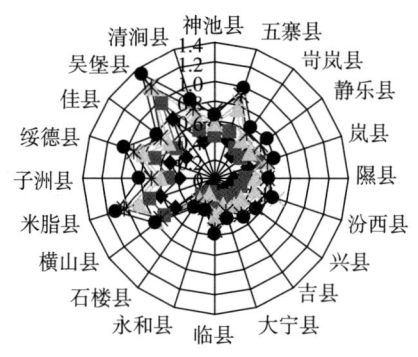

(d) 扶贫开发与减贫效果

图 7-7　2011—2016 年吕梁山集中连片特困地区绿色减贫效果各维度变化趋势（续）

具体分析如下。

（1）经济增长绿化度测度结果。运用绿色减贫效果评估方法，可测算出吕梁山集中连片特困地区各县域经济增长绿化度的得分与排名结果。经济增长绿化度代表经济发展的绿色化程度，在一定程度上体现出区域经济的可持续发展水平。从表 7-4 能够看出，吕梁山集中连片特困地区中大多数县域排名处于较为稳定的状态，部分县域的排名有变动，但变动幅度不大。其中绥德县在 2011—2016 年均处于第 1

位，清涧县在第 2 位与第 3 位之间浮动，经济增长的绿色化程度较高，相对于其他县域，在农业现代化发展、粮食生产供给、产业结构优化等方面体现出突出的优势。静乐县、汾西县、兴县、岚县、吴堡县经济增长绿化度的排名靠后，相对于其他县域而言，生态环境比较脆弱，尤其是兴县、汾西县、吴堡县属于黄土高原丘陵沟壑水土保持国家重点生态功能区，受自然条件的影响，经济绿色发展难度较大。

表 7-4　　2011—2016 年吕梁山集中连片特困地区经济增长绿化度的测度结果

地区	2011 年		2012 年		2013 年	
	分数	排名	分数	排名	分数	排名
静乐县	0.30882	19	0.21427	19	0.27246	19
神池县	0.94470	3	0.75339	4	0.72619	5
五寨县	0.61531	5	0.67545	5	0.68270	6
岢岚县	0.44029	14	0.46114	14	0.46411	14
吉县	0.52427	13	0.60867	8	0.51392	11
大宁县	0.60499	7	0.64727	7	0.80877	3
隰县	0.54812	11	0.60553	10	0.58307	7
永和县	0.92218	4	0.94819	2	0.79559	4
汾西县	0.30950	18	0.32497	17	0.32822	16
兴县	0.17668	20	0.16786	20	0.11996	20
临县	0.59263	8	0.60858	9	0.48288	13
石楼县	0.57005	10	0.65808	6	0.56302	8
岚县	0.40154	15	0.35577	15	0.27517	18
横山县	0.57033	9	0.57540	12	0.55654	9
绥德县	0.99370	1	0.96792	1	0.95771	1
米脂县	0.35857	16	0.35030	16	0.34702	15
佳县	0.60817	6	0.59540	11	0.55263	10
吴堡县	0.32080	17	0.29567	18	0.30938	17
清涧县	0.94494	2	0.92695	3	0.92893	2
子洲县	0.52490	12	0.52904	13	0.49593	12

续表

地区	2014年 分数	2014年 排名	2015年 分数	2015年 排名	2016年 分数	2016年 排名
静乐县	0.34449	17	0.33081	17	0.36996	18
神池县	0.76868	4	0.76441	3	0.75434	4
五寨县	0.75389	5	0.58776	4	0.71487	5
岢岚县	0.48200	14	0.45748	14	0.49381	13
吉县	0.54403	10	0.56929	7	0.59615	9
大宁县	0.68524	7	0.51100	11	0.60222	8
隰县	0.68861	6	0.55301	9	0.68804	6
永和县	0.83778	2	0.57914	6	0.78894	3
汾西县	0.40288	15	0.35260	15	0.38291	16
兴县	0.14751	20	0.08077	20	0.17091	20
临县	0.53358	11	0.48394	13	0.47673	14
石楼县	0.60291	8	0.51948	10	0.60824	7
岚县	0.22865	19	0.16576	19	0.19496	19
横山县	0.57008	9	0.58092	5	0.57239	10
绥德县	0.97162	1	0.93601	1	0.94385	1
米脂县	0.36623	16	0.34955	16	0.38887	15
佳县	0.50957	12	0.56515	8	0.55688	11
吴堡县	0.30200	18	0.29245	18	0.38190	17
清涧县	0.80790	3	0.80064	2	0.91470	2
子洲县	0.49576	13	0.48887	12	0.52302	12

2011—2016年吕梁山集中连片特困地区各县域经济增长绿化度空间分为4个等级，得分值在［0.08077，0.30901）区间为低度，［0.30901，0.53724）区间为较低度，［0.53724，0.76547）区间为较高度，［0.76547，0.99370］区间为高度。各县域经济增长绿化度得分稳定在一定层级，说明区域经济增长绿化度水平较为稳定。经济增长绿化度在空间上总体呈现"东北、西南高，中间低"的空间格局，表明其边缘县域由于交通通达性较好和绿色产业发展基础较好，

经济增长绿化度得到显著的提升。

（2）资源利用与环境保护程度测度结果。通过绿色减贫效果测度方法，可计算出吕梁山集中连片特困地区资源利用与环境保护程度的得分与排名结果。如表7-5所示，资源利用与环境保护程度主要包括生态系统良性循环与环境风险有效防控两个方面，代表生态资源禀赋条件与资源利用效率水平。从结果来看，资源利用与环境保护程度得分整体偏低，说明各县域的资源禀赋与利用水平总体较低。其中，兴县在2011—2016年的资源利用与环境保护程度都排在第1位，主要原因为该县的人均播种面积、自然保护区面积较大，具有较好的生态资源禀赋。绥德县与子洲县的排名较靠后，位于后两位，绥德县在2012年由于劳均农林牧渔业产值的增加，资源利用与环境保护程度由最后一位上升为第9位，但这种对人力资源高效率利用的优势并没有持续存在，在2013年又降至最后一位。吉县的资源利用与环境保护程度排名在2011—2014年没有太大变化，但是在2015年由于农用化肥负荷系数减小，即农业生产活动化肥使用量增加，对环境造成的负面影响增大，造成该县资源利用与环境保护程度排名明显下降。其余县域的资源利用与环境保护程度则波动幅度较小。

表7-5　　2011—2016年吕梁山集中连片特困地区资源利用与环境保护程度的测度结果

地区	2011年		2012年		2013年	
	分数	排名	分数	排名	分数	排名
静乐县	0.25868	14	0.27848	13	0.26876	12
神池县	0.39672	10	0.42809	10	0.45765	10
五寨县	0.52048	7	0.53314	7	0.53520	8
岢岚县	0.47970	8	0.49832	8	0.51366	9
吉县	0.60230	5	0.60737	4	0.59854	4
大宁县	0.25884	13	0.23879	15	0.24532	14
隰县	0.40124	9	0.39394	11	0.56231	7
永和县	0.59494	6	0.63064	3	0.58557	6

续表

地区	2011 年		2012 年		2013 年	
	分数	排名	分数	排名	分数	排名
汾西县	0.69176	3	0.69467	2	0.68519	2
兴县	1.00136	1	1.01822	1	1.02430	1
临县	0.18211	17	0.15968	18	0.15202	18
石楼县	0.70021	2	0.58356	6	0.58727	5
岚县	0.29514	11	0.27948	12	0.27222	11
横山县	0.60242	4	0.60664	5	0.64459	3
绥德县	0.05601	20	0.47788	9	0.06426	20
米脂县	0.19991	16	0.21083	16	0.21275	16
佳县	0.14732	18	0.08536	19	0.25669	13
吴堡县	0.21500	15	0.20876	17	0.21134	17
清涧县	0.26826	12	0.26066	14	0.22549	15
子洲县	0.07697	19	0.08505	20	0.08865	19

地区	2014 年		2015 年		2016 年	
	分数	排名	分数	排名	分数	排名
静乐县	0.26199	13	0.26714	12	0.26191	14
神池县	0.47929	9	0.48835	8	0.49612	7
五寨县	0.50775	8	0.49526	7	0.48296	8
岢岚县	0.53129	7	0.54423	6	0.55619	5
吉县	0.60673	3	0.35324	10	0.34023	12
大宁县	0.27061	12	0.21907	16	0.22386	16
隰县	0.40206	10	0.39675	9	0.40936	9
永和县	0.58045	5	0.57321	4	0.59194	4
汾西县	0.65082	2	0.64811	2	0.64613	2
兴县	1.03327	1	1.04401	1	1.08384	1
临县	0.18525	18	0.20985	17	0.21696	17
石楼县	0.58524	4	0.58984	3	0.59738	3
岚县	0.27224	11	0.27516	11	0.28340	13
横山县	0.54394	6	0.54934	5	0.54002	6
绥德县	0.07085	20	0.07793	20	0.15222	19

续表

地区	2014 年		2015 年		2016 年	
	分数	排名	分数	排名	分数	排名
米脂县	0.21772	16	0.24196	14	0.23743	15
佳县	0.21570	17	0.20144	18	0.35661	11
吴堡县	0.22045	15	0.23639	15	0.36200	10
清涧县	0.23302	14	0.24713	13	0.21335	18
子洲县	0.09912	19	0.10523	19	0.10316	20

吕梁山集中连片特困地区资源利用与环境保护程度的空间格局分为四个级别，[0.05601, 0.31297) 为低度，[0.31297, 0.56993) 为较低度，[0.56993, 0.82688) 为较高度，[0.82688, 1.08384] 为高度。从得分区间来看，在 2011—2016 年仅兴县处于资源利用与环境保护程度的高度，其余县域所处级别没有明显变化，处于低度与较低度的县域占到总县域数量的 75%，说明吕梁山集中连片特困地区的资源利用与环境保护程度水平有待提升。横山县在 2014 年由较高度降低为较低度，之后维持在该层级。从空间上看，吕梁山集中连片特困地区各县域资源利用与环境保护程度呈现"中间高、边缘低"的空间格局。

（3）社会发展能力测度结果。运用绿色减贫效果测度方法，可测算出吕梁山集中连片特困地区社会发展能力的得分与排名结果。如表 7-6 所示，主要从社会自我发展水平与社会公共服务水平两个方面考察社会发展能力。从整体上看，吕梁山集中连片特困地区的社会发展能力在 2011—2016 年有一定的提升。分县域看，神池县、临县、绥德县的排名靠前，其中神池县在 2015 年由于财政自给率降低，教育、医疗、卫生等社会公共服务水平相对低，排名由第 4 位下降为第 14 位。相对而言，吴堡县的社会发展能力在 2011—2016 年逐年上升，且在 2014 年上升最为显著，从第 5 位上升为第 1 位，之后一直保持着社会发展能力方面的优势。大宁县、隰县、石楼县的社会发展能力排名相对靠后且各年差距不大。其余县域的排名波动也较为明显，表明各县域在提升社会发展能力方面在不断加快，但效果却不能持续。

表7-6　　2011—2016年吕梁山集中连片特困地区社会发展能力的测度结果

地区	2011年 分数	2011年 排名	2012年 分数	2012年 排名	2013年 分数	2013年 排名
静乐县	0.51251	8	0.35935	16	0.37747	16
神池县	1.07770	1	0.78582	2	0.61079	4
五寨县	0.58308	4	0.53158	8	0.50124	9
岢岚县	0.56685	6	0.60240	5	0.51963	7
吉县	0.34638	17	0.33051	17	0.44326	14
大宁县	0.26441	18	0.25252	19	0.26594	19
隰县	0.25401	19	0.27998	18	0.32131	17
永和县	0.43131	13	0.46713	13	0.52119	6
汾西县	0.45575	12	0.47381	12	0.50291	8
兴县	0.51098	9	0.52903	9	0.47411	12
临县	0.60118	3	0.63944	4	0.63399	2
石楼县	0.23521	20	0.24156	20	0.18905	20
岚县	0.47493	11	0.70408	3	0.61109	3
横山县	0.37317	15	0.47790	11	0.48782	10
绥德县	0.73311	2	0.80178	1	0.72532	1
米脂县	0.48223	10	0.46680	14	0.48012	11
佳县	0.37206	16	0.37254	15	0.30360	18
吴堡县	0.51344	7	0.55671	7	0.52504	5
清涧县	0.57726	5	0.57254	6	0.42278	15
子洲县	0.39980	14	0.49068	10	0.45938	13

地区	2014年 分数	2014年 排名	2015年 分数	2015年 排名	2016年 分数	2016年 排名
静乐县	0.44783	15	0.46818	12	0.50413	10
神池县	0.59784	4	0.44519	14	0.48564	14
五寨县	0.49978	11	0.47413	11	0.73680	3

续表

地区	2014年 分数	排名	2015年 分数	排名	2016年 分数	排名
岢岚县	0.53839	8	0.51863	6	0.59283	8
吉县	0.33296	16	0.29292	16	0.29647	17
大宁县	0.25007	19	0.23549	19	0.23709	19
隰县	0.29118	17	0.27351	17	0.26734	18
永和县	0.47499	14	0.47429	10	0.49870	12
汾西县	0.54241	7	0.46254	13	0.48803	13
兴县	0.55157	6	0.48434	9	0.50049	11
临县	0.66965	3	0.67224	3	0.66734	6
石楼县	0.18768	20	0.18447	20	0.17481	20
岚县	0.59216	5	0.52915	5	0.52783	9
横山县	0.50499	10	0.63571	4	0.68962	5
绥德县	0.74595	2	0.69655	2	0.77114	2
米脂县	0.48993	13	0.48557	8	0.69857	4
佳县	0.28841	18	0.25631	18	0.65552	7
吴堡县	0.87672	1	0.85873	1	0.90286	1
清涧县	0.49634	12	0.37092	15	0.40984	16
子洲县	0.53383	9	0.49566	7	0.46850	15

吕梁山集中连片特困地区县域绿色减贫社会发展能力维度得分的空间格局分为4个级别，[0.17481,0.40053)为低度，[0.40053,0.62626)为较低度，[0.62626,0.85198)为较高度，[0.85198,1.07770]为高度。吕梁山集中连片特困地区县域社会发展能力整体水平偏低，2011年、2014年、2015年、2016年仅1个县域处于高度，2012年、2013年没有处于高度水平的县域。

（4）扶贫开发与减贫效果测度结果。运用绿色减贫效果测度方法，可测算出吕梁山集中连片特困地区扶贫开发与减贫效果评价维度的得分与排名结果，如表7-7所示，主要从扶贫开发效果与政府支持力度两个方面进行考察。与经济增长绿化度、资源利用与环境保护程度、社会发展能力维度的排名相比，扶贫开发与减贫效果维度各县域的排名较为稳定。吴堡县、米脂县的扶贫开发与减贫效果在2011—2016年稳定处于第1位与第2位，绥德县在2011—2013年的排名逐年上升，在2013年上升为第3位后保持稳定，其排名上升的主要原因为该县的农村居民人均可支配收入、人均储蓄、人均贷款、固定资产投资强度与公共财政支出密度在2011—2013年均呈现逐年升高的趋势。永和县、石楼县、大宁县、吉县的排名在各年均靠后，没有明显的变化。

表7-7　2011—2016年吕梁山集中连片特困地区扶贫开发与减贫效果的测度结果

地区	2011年		2012年		2013年	
	分数	排名	分数	排名	分数	排名
静乐县	0.43269	6	0.34138	12	0.44842	12
神池县	0.54125	3	0.43410	10	0.56235	10
五寨县	0.40337	7	0.50525	7	0.73796	5
岢岚县	0.28296	12	0.37430	11	0.47522	11
吉县	0.15110	17	0.23111	17	0.32516	17
大宁县	0.12928	18	0.21561	18	0.28748	18
隰县	0.20053	15	0.31386	13	0.41778	14
永和县	0.10662	19	0.14575	20	0.17955	20
汾西县	0.21419	13	0.28671	15	0.42607	13
兴县	0.15922	16	0.25494	16	0.33868	16
临县	0.20700	14	0.30198	14	0.39014	15
石楼县	0.09389	20	0.21552	19	0.28020	19
岚县	0.36794	11	0.52981	5	0.57090	9
横山县	0.52430	4	0.66735	3	0.76854	4
绥德县	0.51233	5	0.65752	4	0.81308	3
米脂县	0.60540	2	0.72317	2	0.85846	2
佳县	0.37788	9	0.49976	8	0.60457	7
吴堡县	0.75646	1	0.94716	1	1.14050	1
清涧县	0.38376	8	0.52480	6	0.66886	6
子洲县	0.36925	10	0.49015	9	0.57994	8

续表

地区	2014年		2015年		2016年	
	分数	排名	分数	排名	分数	排名
静乐县	0.52375	12	0.59752	10	0.68047	9
神池县	0.57344	10	0.68800	8	0.65234	10
五寨县	0.82827	4	0.88851	4	0.96263	4
岢岚县	0.52715	11	0.56922	12	0.65222	11
吉县	0.38641	17	0.45714	17	0.50871	17
大宁县	0.31454	18	0.36613	18	0.43074	18
隰县	0.49338	14	0.54165	13	0.56527	15
永和县	0.25297	20	0.31217	20	0.34919	20
汾西县	0.67499	8	0.54128	14	0.63042	13
兴县	0.43392	15	0.52477	16	0.53583	16
临县	0.41913	16	0.53814	15	0.58226	14
石楼县	0.29264	19	0.34419	19	0.37521	19
岚县	0.51508	13	0.57849	11	0.64273	12
横山县	0.70875	6	0.72734	6	0.79209	7
绥德县	0.88580	3	0.90311	3	1.01213	3
米脂县	0.94338	2	1.01713	2	1.10531	2
佳县	0.68427	7	0.71425	7	0.75899	8
吴堡县	1.17859	1	1.15943	1	1.32240	1
清涧县	0.71744	5	0.76815	5	0.85678	5
子洲县	0.62413	9	0.68009	9	0.81416	6

吕梁山集中连片特困地区扶贫开发与减贫效果得分的空间格局可分为四个级别，[0.09389，0.40102）为低度，[0.40102，0.70815）为较低度，[0.70815，1.01527）为较高度，[1.01527，1.32240]为高度。从2011—2016年扶贫开发与减贫效果在整体上有明显的提升，从最初2011年没有高度层级，且低度占到总县域数量的65%到2016年有两个县处于高度层级，低度县域仅占县域总数的10%，表明吕梁山集中连片特困地区的扶贫开发工作取得显著成效。

第五节　吕梁山集中连片特困地区绿色减贫效果空间格局及演变

为深入分析吕梁山集中连片特困地区绿色减贫效果的空间格局演变规律，采用核密度函数对其分布动态演变特征进行估计。

一　核密度估计方法简介

核密度估计法是由 Rosenblatt 于 1956 年提出，属于非参数估计方法。借助核密度估计法来估计吕梁山集中连片特困地区绿色减贫效果的密度分布形态，核密度估计量公式如下：

$$\hat{f}(x_0) = \frac{1}{nh}\sum_{i=1}^{n} K[(x_i - x_0)/h]$$

其中，n 为样本个数，h 为带宽，x_i 为独立分布的观察值，x_0 为样本观察值的均值。$K(\cdot)$ 为核函数。

为深入分析吕梁山集中连片特困地区绿色减贫效果的演变规律，选用 Epanechnikov 核函数分别计算 2011 年、2013 年、2016 年的估计值。选择这三个年份的主要原因是 2011 年为起始年，2016 年为末年，而 2013 年处于两者之间，能够表现出随时间的演变规律。

二　空间格局的演变规律分析

运用核密度函数作出吕梁山集中连片特困地区 20 个县域绿色减贫指数的核密度估计图，如图 7-8 所示，研究发现，吕梁山集中连片特困地区绿色减贫效果的峰值有所波动，分布曲线随着年份的增加不断向右移动，说明绿色减贫效果不断提升。2011 年曲线峰度主要位于 1.6，呈现低水平高度集聚的状态。2013 年曲线呈现"多峰度"现象，曲线主峰右移至 1.8，而且在 2.2、2.4 左右处有高水平的次峰发育，说明绿色减贫效果得到显著提高。到 2016 年，曲线在 2.2 处达到峰值，且在 2.5 处出现次峰，与 2011 年、2013 年相比，2016 年峰度较低，表明吕梁山集中连片特困地区绿色减贫效果整体差异在缩小。

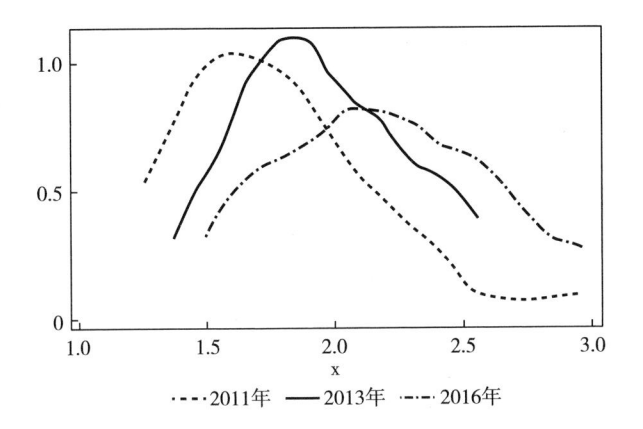

图 7-8　吕梁山集中连片特困地区绿色减贫指数的核密度估计

为深入分析吕梁山集中连片特困地区绿色减贫效果的演变，分别对 2011 年、2013 年、2016 年的经济增长绿化度、资源利用与环境保护程度、社会发展能力、扶贫开发与减贫效果进行核密度估计，如图 7-9 所示。研究表明：①经济增长绿化度从 2011—2016 年的增长趋势不明显，其峰度位置仅有微小的差距；②资源利用与环境保护程度在 2011—2013 年有所增加，但 2013—2016 年下降趋势明显；③社会发展能力 2011—2013 年的主峰所在位置相同，2016 年主峰处于 0.6，有明显的增加但峰度偏低，各县域差距减小；④扶贫开发与减贫效果 2011—2016 年增加趋势明显，从 2011 年的 0.25 增加到 2016 年的 0.65。

三　空间分异特征分析与区域划分

为进一步探讨吕梁山集中连片特困地区绿色减贫效果的空间分异特征，选取 2016 年的评估结果作为分析对象，采用系统聚类法对吕梁山集中连片特困地区各县域绿色减贫指数结果进行聚类分析。以 2016 年吕梁山集中连片特困地区绿色减贫效果测度的四个维度得分为样本，选取组间连接与平方欧式距离方法，可得到聚类树状图（见图 7-10）。根据绿色减贫效果空间聚类分析结果，综合考虑各县域实际情况，可将 20 个县划分为 4 类区域，如表 7-8 所示。

(a）经济增长绿化度的核密度估计　　（b）资源利用与环境保护程度的核密度估计

(c）社会发展能力的核密度估计　　（d）扶贫开发与减贫效果的核密度估计

----- 2011年　——— 2013年　—·— 2016年

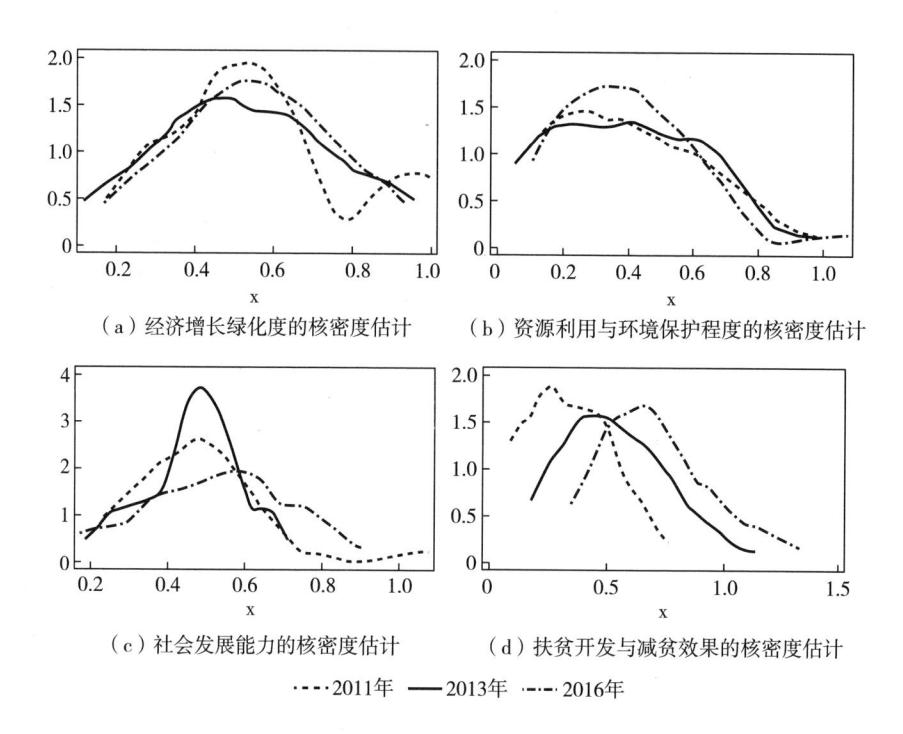

图7-9　吕梁山集中连片特困地区各评价维度空间格局演变示意

表7-8　吕梁山集中连片特困地区绿色减贫的聚类分析区域划分

区域分类	县域数量	县域名称
Ⅰ区	2	米脂县、吴堡县
Ⅱ区	2	绥德县、清涧县
Ⅲ区	1	兴县
Ⅳ区	15	神池县、五寨县、岢岚县、静乐县、岚县、隰县、汾西县、吉县、大宁县、临县、永和县、石楼县、横山县、子洲县、佳县

按照聚类区域划分结果，结合各县域绿色减贫效果及各维度的测度情况，将不同县域划分为扶贫开发优势区、经济绿色发展优势区、生态环境优势区和发展压力区四种类型。各类型区域特征如下。

第七章　吕梁山集中连片特困地区绿色减贫效果评估 / 145

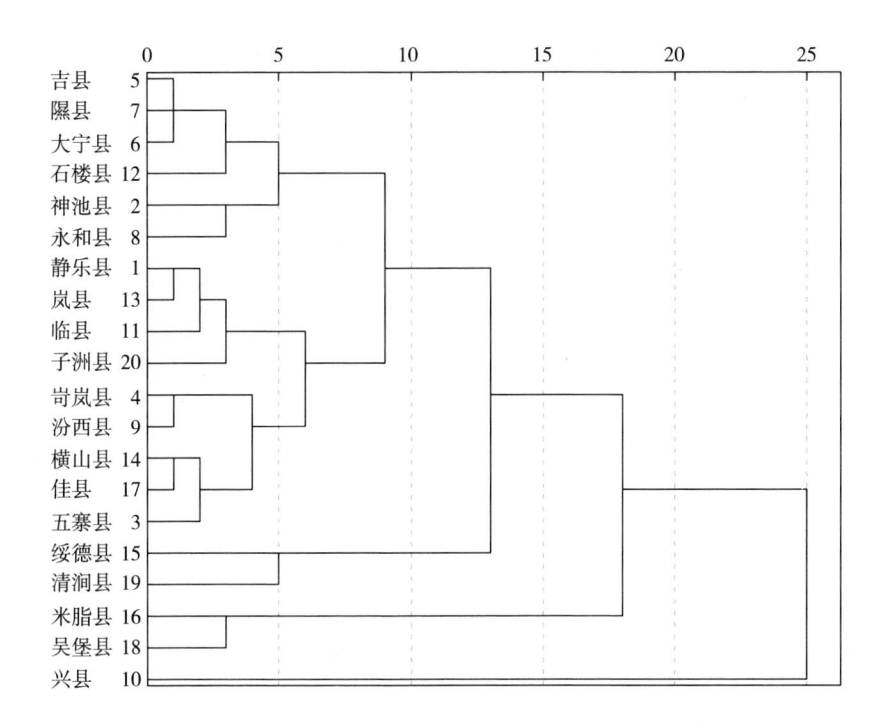

```
         0        5       10       15       20       25
吉县    5
隰县    7
大宁县  6
石楼县 12
神池县  2
永和县  8
静乐县  1
岚县   13
临县   11
子洲县 20
岢岚县  4
汾西县  9
横山县 14
佳县   17
五寨县  3
绥德县 15
清涧县 19
米脂县 16
吴堡县 18
兴县   10
```

图 7-10　吕梁山集中连片特困地区绿色减贫效果的聚类树状图

（一）Ⅰ区（扶贫开发优势区）

该区域包括米脂县、吴堡县两个县域，均位于吕梁山集中连片特困地区的中部。米脂县、吴堡县两个县的农村居民人均可支配收入明显高于其他县；公共财政支出密度也处于相对较高的水平，因此，该区域绿色减贫指数排名靠前，吴堡县甚至居第 1 位。在四个维度得分中，扶贫开发与减贫效果位居前两位，资源利用与环境保护程度、社会发展能力排名居中，经济增长绿化度排名靠后，表明该区域中经济绿色发展程度为绿色减贫效果的制约因素，扶贫开发与减贫效果明显，是该区域绿色减贫的优势，属于扶贫开发优势区。

（二）Ⅱ区（经济绿色发展优势区）

该区域包括绥德县、清涧县两个县，均位于吕梁山集中连片特困地区的西南部。与其他县域相比，绥德县、清涧县的设施农业占地面积与农机使用经济效率明显高于其他县，设施农业占地面积分别达到

532 公顷和 268 公顷，表明该区域的农业绿色、循环、可持续发展程度较高，农业规模化和机械化优势突出。该区域绿色减贫指数的排名相对靠前，经济增长绿化度居第 1 位与第 2 位，资源利用与环境保护程度、社会发展能力、扶贫开发与减贫效果排名居中，属于经济绿色发展优势区。

（三）Ⅲ区（生态环境优势区）

该区域只有兴县。2016 年兴县财政自给率达到 0.3471，社会消费品零售总额达到 147496 万元，均处于最高水平，因此兴县在自我发展能力方面的优势突出。该区域的绿色减贫指数排名居中，经济增长绿化度位于最后，资源利用与环境保护程度明显高于其他县域，位于第 1，社会发展能力、扶贫开发与减贫效果排名居中，表明该县域经济发展不平衡，属于生态环境优势区。

（四）Ⅳ区（发展压力区）

该区域包括神池县、五寨县、岢岚县、静乐县、岚县、隰县、汾西县、吉县、大宁县、临县、永和县、石楼县、横山县、子洲县、佳县共 15 个县域，占总县域数量的 75%。该区域绿色减贫指数排名大部分位于中下游，经济增长绿化度、资源利用与环境保护程度、社会发展能力、扶贫开发与减贫效果四个维度的排名居中，没有突出优势，属于发展压力区。

第六节　本章小结

脱贫攻坚的同时深入贯彻绿色发展理念是要在同一个"战场"同时打赢两场"战役"，对于提升吕梁山集中连片特困地区的生态服务能力，促进农民持续增收，实现区域可持续和高质量发展至关重要。国家重点生态功能区面临生态服务功能提升与减贫的双重压力，应开展绿色减贫效果评估考核，结合各维度对绿色减贫效果影响的重要性程度（见图 7-11），结合区域特征及不同县域的发展特色，因地制宜地提出绿色减贫策略。

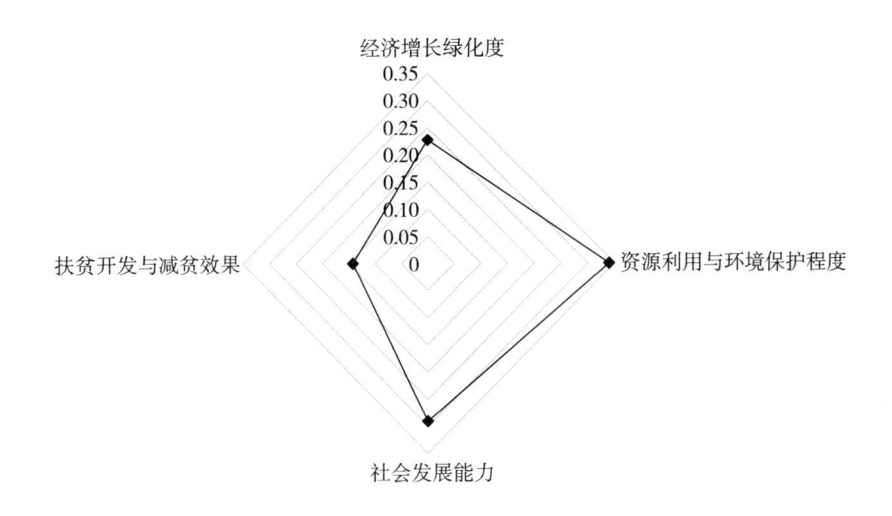

图 7-11　各维度对绿色减贫效果影响的重要性程度

首先，坚持绿色发展理念，实现生态保护与扶贫开发同步发展。从图 7-11 可知，资源利用与环境保护程度对绿色减贫效果影响的重要性程度明显高于其他维度，因此绿色减贫不能仅集中于提升贫困地区经济发展水平及农户的家庭收入，关键在于加强吕梁山集中连片特困地区的生态环境保护，增强环境风险的有效防控。发展压力区（Ⅳ区）具有绿色减贫指数普遍偏低且经济增长绿化度、资源利用与环境保护程度、社会发展能力、扶贫开发与减贫效果四个方面没有突出优势的特征，而资源利用与环境保护程度对绿色减贫效果的影响最大。所以，发展压力区应以提升资源利用效率，加大环境保护力度为突破口，提升绿色减贫效果。第一，提升资源利用效率。针对发展压力区地形起伏大、坡地多的现状，应加大土地整改力度，加强灌溉设施建设，实施规模化、机械化农业生产，提高生产效率。第二，加强对资源利用的有效监管。农业是吕梁山区的主导产业，也是扶贫项目的首选产业，因此要强化扶贫项目对农业环境污染方面的监管，出台正式的政策条款，严格限制马铃薯、杂粮、中药材、食用菌等吕梁山区特色农产品生产过程中化肥、农药的使用，对污染排放标准实施严格管控。

其次，挖掘区域生态资源市场价值，推动经济绿色发展。深度贫困地区经济发展落后，但生态资源、文化资源受到破坏程度较小，应重视生态产品的价值体现。吕梁山集中连片特困地区绿色减贫效果空间聚类分析结果表明：绥德县、清涧县属于经济绿色发展优势区，在一定程度上说明深度贫困地区能够通过产业结构调整实现绿色发展。生态环境优势区仅兴县，虽然生态环境保护方面效果突出，但是也存在经济增长绿化度发展水平滞后、发展不平衡的特征，需要进一步加强经济增长的绿色化水平，建立以生态资源为基础的绿色产业，打造生态产品绿色生产体系，推动农业与旅游业产业融合发展，促进生态优势向发展优势的转变。

再次，加大绿色减贫政策支持力度，改善农户生计水平。在绿色减贫过程中，生态环境保护是前提，提升农户可持续生计能力是目标。吕梁山集中连片特困地区绿色减贫效果空间聚类分析结果表明，吕梁山片区中仅米脂县、吴堡县属于扶贫开发优势区。应加大绿色减贫政策支持力度，完善生态补偿体系，有效提升当地农户的生计水平。第一，完善国家重点生态功能区财政转移支付制度。财政转移支付能够通过直接增加金融资本，实现提高农户可持续生计水平的目的。第二，注重贫困地区资产收益扶持。针对创收能力较弱的农户，通过整合农户手中拥有的土地、资金、劳动力等生计要素，实现生态保护与生计能力提升的共赢。通过整合现有人力资本，提升区域可持续脱贫能力。

最后，完善社会公共服务体系，实现可持续脱贫。吕梁山集中连片特困地区公共服务水平与其他片区具有较大差异，且服务质量不高，导致其返贫现象发生，脱贫效果不稳定。绿色减贫效果空间聚类分析结果表明，20个县域中没有公共服务方面具有优势的县域。因此，公共服务水平低是各县域的共性，而各维度重要性程度研究结果表明，社会发展能力对绿色减贫效果的影响程度仅次于资源利用与环境保护程度，提高社会自我发展能力、提升公共服务水平对于提升农户生计能力将至关重要。

第八章　吕梁山集中连片特困地区科技扶贫效果评估

国家重点生态功能区的科技扶贫实施效果评估对该区域的减贫工作提出了更高的要求。科技扶贫作为精准扶贫战略实施的重要手段，是实现扶贫由"输血式"向"造血式"转变的关键，也是提升国家重点生态功能区农户可持续生计能力的一种有效模式。科技扶贫工作主要由科技部组织实施，通过技术培训、资金帮助以及种苗供给与开拓农产品成品的销售渠道等方式，提高农民资源利用效率，改善农民生产技术落后与知识文化缺乏的状况，使贫困农户家庭由被动地接受扶贫资金、物质供给，转变为通过科技创新和技术手段维持生计的可持续能力，最终脱贫致富。2016年10月，中国科协、农业部、国务院扶贫办联合印发了《科技助力精准扶贫工程实施方案》，充分肯定了科技在扶贫中的积极作用。

科技扶贫的实施强调要与国家重点生态功能区的实际情况相结合，针对贫困区的自然禀赋、人文环境，向贫困家庭（农户）提供技术支持，避免不恰当的技术带来的风险，使更多贫困农户家庭受益，而科技扶贫效果的科学评估，对于其使用和推广具有重要的现实意义。

第一节　研究区概况

本书基于位于国家重点生态功能区内的吕梁山集中连片特困地区的实地调查，对科技扶贫的实施效果进行评估。

一　研究区概况及微观样本抽取

通过分层抽样选取实地调研地区为汾西县，该县地处吕梁山南麓，山西省临汾市北端，属革命老区，是国家扶贫开发工作重点县，位于吕梁山集中连片特困地区。全县国土面积880平方千米，辖5镇3乡1社区，120个行政村，总人口14万人，其中农业人口12.89万人，耕地面积39万亩，是以旱作农业为主的山区农业县。① 2016年全县共120个贫困村11156户32001人建档立卡贫困人口。② 2017年，汾西县脱贫户数达2694户共8112人，26个村庄实现整村脱贫，县域农村人均可支配收入达3374元，脱贫攻坚成效显著。

作为精准扶贫的帮扶单位，山西省科技厅在结合汾西县"一个目标，三大支撑，六条路径"的扶贫工作思路的基础上，对山西省汾西县团柏乡进行对口科技帮扶，充分利用科技专家团队优势，设计科技扶贫项目，全面发挥科技专家解决问题的能力。首先抽取5个对口帮扶村，即茶房村、邢家要乡大吉利村、佃坪乡圪台头村、永安镇后家楼村与和平镇和平村，接着抽取了佃坪乡圪台头村为重点调研对象，并分层抽出入户对象。佃坪乡位于汾西县西南部，共有14个行政村64个自然村3300户13920人，根据2016年国定贫困线为农民人均纯收入3026元，以及"八不进"③原则筛选、识别并建档立卡的贫困人口共4321人，贫困发生率为31.04%。佃坪乡属于黄土高原丘陵沟壑水土保持重点生态功能区，境内丘陵起伏，沟壑纵横，耕地多为坡地、山地，土壤肥力低下且无法灌溉，种植的主要农作物为玉米，经济效益低下，因此大多数农户的生计策略为"农闲务工、农忙务农"。

---

① 山西省扶贫开发办公室：《汾西县"走百村、进千户、访万人"活动调研报告》，2014年第9期，http://www.sxsfpb.gov.cn/jrlx/ztbd/20150727/152430ea3bdd.html. 2017年7月30日。

② 山西省扶贫开发办公室：《十三项计划助力汾西3万贫困人口全部脱贫》，2016年第8期，http://www.sxsfpb.gov.cn/jrlx/ztbd/20160818/090229e4c6ed.html. 2017年3月28日。

③ 存在以下情形之一的农户原则上不予识别为贫困户（简称"八不进"）：（1）配偶、子女在机关、事业单位、国有企业有固定工作且收入稳定的；（2）个体工商户或经营公司的；（3）在城镇购买商品房的；（4）家庭中有齐备的高档电器，有机动车辆（残疾人代步车、农用手扶车、农用三轮车除外）、工程机械或大型农机具的；（5）家庭成员中有就读私立高收费学校或自费出国留学的；（6）长期（两年以上）不在本村居住且务工经营有稳定收入和居住条件的，或与本村以外子女、亲属共同生活有保障的；（7）从事农业生产规模经营的能人、大户；（8）有稳定财产性收入的。

千沟万壑的地形也给当地居民的出行造成极大不便,距离汾西县城30千米,均为环山公路,坡陡弯多。2011年黎永高速临汾段修建时为沿线部分村庄修建了部分水泥路,并对部分耕地做了坡改平地,并对占用的部分农户的耕地予以现金补偿,在一定程度上改善了当地的交通状况与农民的生计状况。

二 调研地科技扶贫的现状分析

抽样调研地圪台头村的科技扶贫项目是佃坪乡的典型代表,其开始于2015年8月,并于2017年正式运营农业合作社。2016年通过3户蜜蜂养殖、6户黄粉虫养殖和50余人技能培训与就业帮扶,圪台头村当年实现了24户100个贫困人口脱贫。圪台头村主要以依托科技手段、增加土地种植收入为基础,以传统种植与养殖相结合的脱贫方针,确定了通过黄粉虫养殖、核桃经济林种植与乡村文化旅游三大产业实现该村的脱贫发展,同时辅之以蜜蜂养殖和菌类种植的措施。在山西省科技厅的帮扶下,形成了"村支两委+第一书记+山西省科技厅扶贫项目与派出资金+农业专家"为主体的科技扶贫模式(见图8-1),通过资金与实物帮助、科技扶贫基础设施建设和技能培训以期实现整村脱贫。

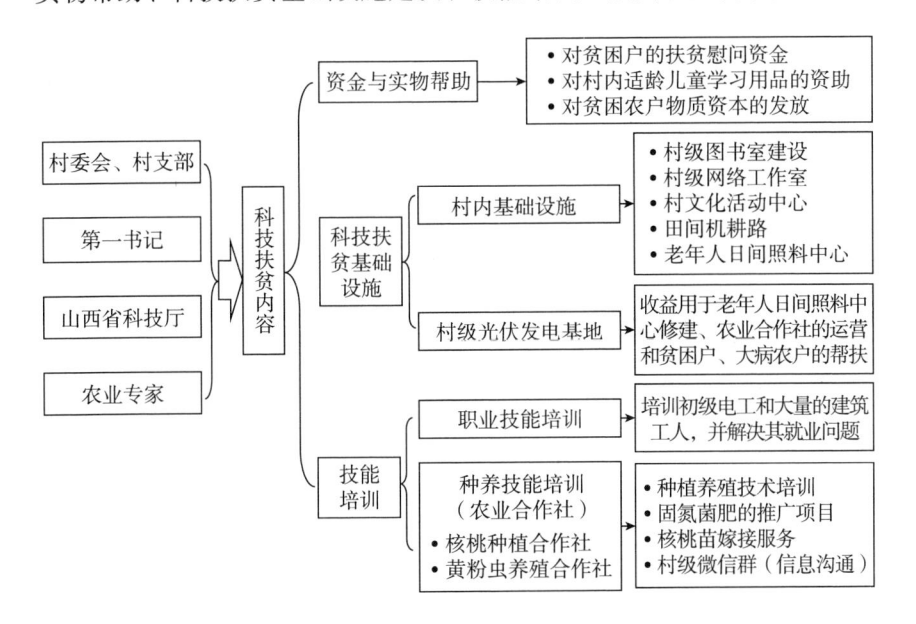

图 8-1 调研地汾西县佃坪乡圪台头村科技扶贫的模式框架

第二节　科技扶贫实施效果评估理论模型的构建

科技扶贫的实施主要是通过先进科技手段改善贫困地区传统的农业经营模式，提高农民的科学文化水平，改善资源利用方式，提高劳动生产率，实现贫困地区农民增收脱贫。在我国，传统的扶贫模式仅是直接给予贫困农户资金与所需物质，这样"漫灌"的扶贫做法忽略了脱贫的持续性，助长了"等、靠、要"的依赖心理，使"返贫"现象不断发生，扶贫效果不显著。自精准扶贫战略实施以来，我国扶贫措施逐步转变为"滴灌"，激发农户获得生计资产的能力，尤其是依靠科技扶贫实现了"输血式"向"造血式"的转变。

根据佃坪乡 5 个行政村科技扶贫的实地调研分析，可将科技扶贫细分为直接手段与间接手段。科技扶贫的直接手段体现在对农户家庭给予抗虫、抗旱等高质量种子以及其他高科技装备，以增加农户家庭的物质资本。科技扶贫的间接手段包括农户技能水平的提高与科技扶贫基础设施的完善。通过基础设施的完善降低农业生产难度，并通过对贫困农户进行技能培训提高户主技能，包括农业种植技能、养殖技能以及非农业技能，从而保障农户家庭拥有持续的收入来源，实现全面脱贫。在此基础上，为了构建反映科技扶贫实施成效的理论框架，进一步将科技扶贫成效发挥设定为总效应、独立效应与联动效应。

科技扶贫总效应函数可表示为：

$$L_1(v) = \lambda v + C_1$$

其中，L_1 为农户家庭人均收入，$v = h + b + k$，h、b、k 分别代表农户家庭获得的物质帮扶、科技扶贫基础设施和户主技能水平，λ 为参数，C_1 为控制变量。

科技扶贫的独立效应函数可表示为：

$$L_2(h, b, k) = \beta_1 h + \beta_2 b + \beta_3 k + C_2$$

其中，L_2 为农户家庭人均收入，β_1、β_2、β_3 为参数，C_2 为控制变量。

科技扶贫的联动效应函数可表示为：

$L_3(u) = \eta u + C_3$

其中，L_3 为农户家庭人均收入，$u = h \times b \times k$，η 为参数，C_3 为控制变量。

理论模型主要通过科技扶贫的总效应、独立效应与联动效应，结合调研过程中农户的收入与支出状况，总结农户人均纯收入的影响因素，建立计量经济模型，采取半对数模型对科技扶贫的成效进行分析。科技扶贫的总效应模型，重点分析科技扶贫对农户人均纯收入的影响效果：

$\ln income_i = \alpha + \lambda(help_i + kjs_i + ski_i) + \delta C_i + \mu_i$

其中，income 代表 2016 年农户家庭人均纯收入，help、kjs 与 ski 作为该模型的核心解释变量，其中，help 表示获取的实物与资金帮助，能同时获得实物与资金帮助 = 2，能获得实物与资金帮助 = 1，无法获得实物与资金帮助 = 0；kjs 代表村内有无科技扶贫基础设施的建设，有记为 1，无则记为 0；ski 代表户主技能水平，取值范围为 0—2，户主没有任何技能 = 0，户主具有 1—2 项技能 = 1，户主具有 3—4 项技能 = 2。C 为影响居民人均纯收入的协变量；λ 与 δ 分别为变量待估系数，α 为常数项；μ_i 代表随机扰动项。

科技扶贫的独立效应重点分析科技扶贫的各项措施对农户家庭人均纯收入的影响：

$\ln income_i = \alpha + \beta_1 help_i + \beta_2 kjs_i + \beta_3 ski_i + \delta C_i + \mu_i$

科技扶贫的联动效应，引入科技扶贫直接效应与间接效应的交叉项，具体模型公式如下：

$\ln income = \alpha + \eta(help_i \times kjs_i \times ski_i) + \delta C_i + \mu_i$

第三节 实证研究的数据来源、变量选择及说明

课题组团队成员于 2017 年 1—2 月组织的入户调查，首先对所抽取的 5 个对口帮扶村基本情况进行对比分析，在此基础上抽取了佃坪

乡为重点调研对象，对当地的科技扶贫项目实施效果进行数据采集和深度访谈。课题组成员于 2017 年 1 月对佃坪乡 14 个行政村的村干部进行座谈，获取了汾西县佃坪乡各行政村 2016 年基础数据，进行初步筛选。在此基础上根据佃坪乡各行政村的经济发展状况、地理位置与人口分布状况进行随机抽样。由于当地交通不便，村落分散，为控制交通便捷程度对农户生计的影响，按照随机抽取的原则入户发放问卷调查。调查样本共 400 户，调查内容包括当地的扶贫措施、与农户生计状况相关的家庭基本信息、农户家庭人均纯收入、人均耕地数量、户主的受教育程度与职业技术能力、健康状况以及获取社会关系的帮扶程度，根据科技扶贫实施效果评估的理论模型，各变量的选取和描述性统计量如表 8 – 1 所示。

表 8 – 1　　　　　　　　　　变量的统计性描述

变量	变量说明	样本量	均值	标准差	最大值	最小值
income	农户家庭人均纯收入（元/人）	400	3306.3140	1532.1400	10000	200
kjs	村内有无科技扶贫基础设施建设	400	0.2500	0.4346	1	0
help	获取的资金或实物帮助	400	0.2786	0.4956	2	0
ski	户主技能水平	400	0.2786	0.4499	1	0
pat	家中病人数量（人）	400	0.3643	0.3643	2	0
edu	受教育年限（年）	400	8.3857	1.8411	15	2
land	人均耕地数量（亩）	400	2.5753	2.0762	13	0

（1）被解释变量为受访农户家庭人均纯收入[①]。由于 2016 年我国衡量贫困与否的重要标准为农户家庭人均纯收入小于 3026 元，因此选择农户家庭人均纯收入作为农户生计变化和科技扶贫成效的重要衡量指标。

（2）核心解释变量为农户获取科技援助的资金与实物、科技扶贫基础设施与户主技能水平。作为衡量科技扶贫实施效果的重要指标，

---

① 农户人均纯收入 = 总收入 – 家庭经营费用支出 – 税费支出 – 生产性固定资产折旧 – 赠送农村内部亲友。

资金与实物援助是对农户的直接帮扶，用其衡量科技扶贫的直接手段即科技扶贫资金或实物帮助对农户家庭人均纯收入的影响；科技扶贫基础设施与户主技能水平则是科技扶贫间接手段的重要衡量指标。

（3）控制变量。选取的控制变量为户主的受教育水平、人均耕地数量和家中病人数量。其中，户主受教育程度对农户家庭拓宽增收渠道、提高生计可持续性具有重要意义。以户主的受教育年限衡量其受教育程度；耕地是农户的重要物质资本，是农业收入的重要来源，以农户的人均耕地数量作为衡量指标；农户家中病人数量会减少家中劳动力数量，同时会加重家庭的医疗负担和支出，降低农户的人均纯收入。

第四节　科技扶贫效果测度的结果分析

在吕梁山集中连片特困地区科技扶贫效果理论模型框架下，对所收集的数据进行了实证检验，通过科技扶贫的总效应、科技扶贫的独立效应和科技扶贫的联动效应检验结果来看，科技扶贫对农户家庭人均纯收入的影响显著，回归系数在1%的水平上显著为正，表明科技扶贫项目实施促进了农户物质资本的增加、科技扶贫基础设施完善以及农户技能水平提升。

科技扶贫独立效应分析结果表明，科技扶贫的直接效应未通过10%显著性水平上的检验，科技扶贫的间接手段通过1%显著性水平上的检验，说明科技扶贫的直接手段并不显著，即对农户直接给予实物或资金帮助对农户生计变化的影响并不显著，而科技扶贫基础设施建设和农户技能培训的间接手段影响十分显著；从科技扶贫的联动效应分析结果看，对农户的实物或资金帮助、科技扶贫基础设施建设和技能培训的联动效应十分显著，表明要将物质资本的增加、科技扶贫基础设施完善和农民技能水平的提升结合，共同联动实现科技扶贫对农户家庭人均纯收入增加的效果（见表8-2）。

表 8-2　科技扶贫对农户家庭人均纯收入影响的计量结果

科技扶贫总效应		科技扶贫独立效应		科技扶贫联动效应	
变量	系数	变量	系数	变量	系数
常数项	7.9861*** (30.31)	常数项	7.9649*** (30.59)	常数项	8.2396*** (30.59)
kjfp	0.2044*** (5.32)	kjs	0.3361*** (4.18)	kjfp	0.4363*** (2.39)
		ski	0.2140*** (2.80)		
		help	0.0699(0.92)		
pat	-0.3899*** (-3.54)	pat	0.3739*** (-3.43)	pat	-0.4212*** (-3.71)
edu	0.0052(0.19)	edu	0.0043(0.15)	edu	0.0023(0.08)
land	-0.0324(-1.33)	land	0.0109(1.43)	land	-0.0438* (-1.75)
F	11.28(0.00)	F	7.75(0.00)	F	8.31(0.00)
R^2	0.3278	R^2	0.4395	R^2	0.2521

注：(1) 括号内的数据为 t 值，***、*分别表示在1%、10%的显著性水平上通过检验。(2) 科技扶贫总效应模型中 kjfp = kjs + ski + help，科技扶贫联动效应模型中 kifp = kjs × ski × help。

第五节　本章小结

本章以科技扶贫成效显著的汾西县佃坪乡农户调查问卷的微观数据为基础，分析了科技扶贫的总效应以及独立效应与联动效应。结果表明，科技扶贫的总效应显著，科技扶贫对农户家庭人均纯收入影响为正。科技扶贫独立效应表明，科技扶贫的直接手段效果并不显著，即增加给予农户的物质资本对农户家庭人均纯收入影响不显著；科技扶贫的间接手段较为显著，即村内科技扶贫基础设施完善以及农户技能水平提升对农户家庭人均纯收入影响显著。科技扶贫的联动效应说明，科技扶贫的直接效应与间接效应联动能够显著增加农户家庭人均纯收入，即增加给予农户的物质资本对农户家庭人均纯收入的影响要建立在村内科技扶贫基础设施完善与农户技能水平提升的基础上才能显著提高农户家庭人均纯收入。

科技扶贫作为精准扶贫体系中重要的扶贫方式之一，对贫困地区

第八章 吕梁山集中连片特困地区科技扶贫效果评估

农户家庭人均纯收入及生计的可持续将产生重要影响。本章内容主要是利用吕梁山集中连片特困地区农户的调查数据，并构建理论模型对科技扶贫的成效及对农户可持续生计的影响进行科学评估，据此得出以下结论与建议：首先，加大科技扶贫的支持力度，提高农业生产率。研究表明，科技扶贫对农户家庭人均纯收入影响显著。科技扶贫对于提升农业生产率，增加农户家庭人均纯收入有着重要的推动作用。目前汾西县佃坪乡的科技扶贫手段主要有对农户的资金与实物帮扶、科技扶贫基础设施完善和农户的技能培训三种。应有针对性地选择科技扶贫项目，通过先进、适用的种植与养殖技术提升贫困地区农户的农业生产经营效率，提高农民收入。重视科技扶贫与产业扶贫相结合，根据当地的自然条件，选择适宜的主导产业与特色优势产业，将农业科技成果转化与农业种植养殖技术推广优先应用于当地特色产业，培育优势特色产品，有效带动农户参与特色产业的发展，形成当地主导产业，实现促民增收的目标。其次，在科技扶贫项目中，应更加注重农业基础设施完善与农民技能水平的提升。通过科技扶贫的独立效应可看出，单纯依靠科技扶贫直接手段的效果并不显著，而间接手段相对比较显著，应注重农村科技扶贫基础设施完善和农民技能水平的提升。科技扶贫的联动效应表明，在科技扶贫项目中，要将直接手段与间接手段相结合，增加物质资本的帮扶最好要建立在基础设施完善与农民技能水平提升的基础上，这种直接手段与间接手段的联动能够最为有效地起到提高农户家庭人均纯收入和改善农户生计状况的作用。因此，各级政府部门和帮扶单位不要片面地给农户资金和物质支持，而应与当地相应基础设施建设和职业技能培训相结合，同时要注重高科技元素的植入，培育新型现代农业产业和新型职业农民。

第九章　结论与启示

由于与集中连片特困地区和深度贫困地区的交叉分布，国家重点生态功能区成为脱贫攻坚的重中之重。通过对我国国家重点生态功能区的抽样并进行深入研究，实证分析了案例区域和不同地区农户应对外界胁迫和政策冲击下可持续性生计和生计状态变化情况；构建评估指标体系，对不同区域内农户可持续生计能力/状态进行科学测度，据此确定扶贫识别并在此基础上科学测度脱贫效果，有针对性地得出结论和提出政策建议。同时，农户生计与当地生态系统可持续能力提升密切相关，也为国家生态功能区生态系统可持续提供保障，为2020年以后区域的相对贫困治理工作开展提供参考。

一　精神扶贫：激活内生动力

随着2013年开始的精准扶贫工作的实施，绝对贫困已经逐步得到有效缓解，而精神贫困成为当前实现可持续脱贫目标的绊脚石。精神贫困与物质贫困并存，观念落后与能力不足同在，部分农户形成"等、靠、要"的思想路径依赖，陷入"等着他人送小康"的贫困陷阱，这是思想、精神和意志力上的贫困。[1] 对于如何实施精神扶贫，要从改变贫困群众传统的思想观念入手，以"扶志"为核心，提高主观能动性，以"扶智"为重点，加强职业技能培训和教育扶贫，帮助农户找到脱贫致富的道路。具体而言，要帮助贫困群众树立科学的人生观和价值观，让其认识到仅靠政府和社会的帮扶救助只能短期摆脱贫困，实现可持续脱贫需要有一技之长。树立"勤劳脱贫光荣"的思想，摒弃"等、靠、要"的救济观念，激发脱贫自主意识；宣传脱贫

---

[1] 雷明：《深度扶贫：打赢脱贫攻坚战之关键》，《中国社会科学报》2018年第9期。

典范榜样精神，恢复农户的脱贫自信，宣传脱贫典范榜样精神是激发其脱贫致富的外在驱动力。国家重点生态功能区地方政府，一方面要积极挖掘脱贫致富典型案例，详细整理总结脱贫经验，并制作学习手册供贫困村传阅。另一方面让榜样人物与当地农户开展座谈交流，让榜样人物解答国家出台的有关扶贫政策，消除贫困群众的疑虑，让其看到脱贫致富的希望，激发摆脱贫困的自信，从被动脱贫转向主动脱贫。

加大弥补认知力度差距，扩大职业教育和就业培训投资。第一，要明确职业教育和就业培训的目标任务，扩大就业规模、提高就业质量和增强就业竞争力，努力实现"培训一人、就业一人"和"就业一人、培训一人"的目标；第二，鼓励有劳动能力的困难群体积极参加教育和就业培训，提升人力资本，主动参加生产劳动，通过自身努力增加收入；第三，多层次、多角度、多方面扩大就业扶贫宣传和行动力度。在培训手段上，充分利用视频教学、实地参观和动手学习等特色形式，增强培训的新颖性和直观性；在培训方式上，采取以"农民夜校""田间课堂""流动教室"等灵活形式开展订单、订岗、定向、点菜式培训，实现学习、生产"两不误、两促进"，提高培训的适用性、实效性；将依托现有职业培训机构，统筹各类职业培训资源，鼓励引导建筑施工、家政、养老、卫生、餐饮服务等各类社会培训机构提高培训能力，使经过培训的农村贫困劳动力基本具备劳务输出职业技能，有效防止贫困地区农户脱贫再返贫现象的发生；积极"走出去"，组织党员、村民代表、致富带头人等多到经济社会发展好的村学习先进经验，拓宽发展思路。

二 文化扶贫：树立文化自信

首先，文化减贫要注重知识与技能培养，尤其加强专业知识与技能培训。发挥社会组织提供公共服务、精准识别社会需求且更贴近民众的优势，鼓励社会组织做好贫困群体尤其是妇女、残疾人等弱势群体的文艺和手工艺技术培训、沟通与指导工作。其次，要对文化资源充分挖掘与利用，国家重点生态功能区内的大部分农村地区虽然位置偏远，但却有丰富的原生态文化资源，要将文化资源和文化产品的挖掘和利用放在重要位置，深度挖掘与开发其文化价值，并进行产业化加工生产，能够带动当地农户增收减贫。同时，应组织文化机构对特色文化资源进行保护式开发，融入文化资源开发中，实现文化的亲贫困作用。最后，要注重信息化宣传，推动文化产品营销。利用新媒体推动文化产品营销，新型现代媒体宣传因其传播速度快、范围广，对提高新产品知名度具有明显作用。因此，文化产品的开发利用中，一方面，应通过媒体机构，推介文化资源，提高文化资源的宣传力度，提升当地特色文物资源的知名度。可定期举办文化设计大赛、展销会等活动，宣传和展示文化遗产魅力，吸引更多外来游客，并将特色文化遗产名牌推向全世界，促进文化、经济与社会协同发展。另一方面，通过文化大数据开发，建设文化云平台，充分利用互联网的优势，展示文化产品。还可以借助电子商务，对农村特色文化产品等进行营销推广，鼓励和促进各类贫困主体积极利用与知名电商的合作开展文化产品促销，既能弘扬传统文化，扩大影响力，同时也可以提高农村特色文化产品的销量，促进农民增收。

三 金融扶贫：提供渠道平台

金融扶贫是各类社会主体开展扶贫的重要措施之一。金融扶贫一方面可以为金融业加大对"农民、农村、农业"的金融服务力度和渠道支持，推动多层次金融市场的培育和发展，完善农村金融服务体系；另一方面促进农村金融市场发展，实现农民脱贫增收。现阶段开展农村金融扶贫工作，重点围绕四个方面：①在顶层设计上，提高对各类金融机构参与金融扶贫的激励；②在宣传教育上，加强对农户、领导干部和企业家的金融知识培训工作；③在营造金融生态环境上，要以普惠金融基础设施建设为契机，逐步推广数字金融服务；④在提供金融服务上，要以创新金融信贷产品为关键，满足农户和企业多样化融资需求，从而发挥金融工具对产业扶贫的"造血"功能。

引导和鼓励金融机构依据贫困户和专业大户的生产经营情况适当提高信用贷款额度。对于金融机构有一定合作基础、收入来源稳定、信用状况良好的贫困户和专业大户，每人分别给予一定的信用贷款额度；对于与金融机构无历史合作关系、收入来源不确定，但个人有贷款需求的农户,在身份合法、无不良信用记录的条件下,通过担保机构或风险补偿等方式,给予一定额度的贷款,同时探索合作社和农户以承包土地经营权、林权、仓单和应收账款等开展抵(质)押贷款的模式。在创造农户信贷抵押物方面,引导农村信用合作社与物流企业对接,农村信用合作社认证物流企业出具的农作物存储收据凭证,将农户存储在物流企业仓库中的农作物视为抵押品,按照农作物的公允价值,以低利率放贷给农户。在放贷期间,农作物的使用权归属于农村信用合作社,所有权归属于农户,同时农户可用信贷资金支付日常生活开销,比如子女的教育费用。当农产品的市场价格上升时,农户可从仓库取回农作物,按市场价格出售,获取收益。

建立一套资金循环借贷机制。该套机制以勤劳脱贫致富的农户信用作为背书,通过资金互助、循环借贷方式满足农户生产生活的融资需求。鼓励地方政府与农业合作社、农村信用合作社展开积极合作,提升农户生产技能和创业能力。具体来看,地方政府组织职业技能培训机构对参加农业合作社的农户进行职业技能培训,例如作物种植培训、牲畜饲养培训、美发培训等。完成培训的农户可以获得农村信用合作社发放的免息贷款进行自我创业,创业成功的农户将收益存入农村信用合作社的账户中,农村信用合作社把形成的资金池作为循环基金,以便农业合作社的农户可以轮流借款,扩大生产规模。

满足贫困地区企业多样化融资需求。在融资手段方面,对于贫困地区具备主板上市、新三板挂牌条件的企业,证券公司要主动开通绿色渠道帮助其发行上市,此外证券公司还可通过定向增发、可交换债、优先股、资产证券化 ABS、股权质押融资、PPP 等方式拓宽贫困地区企业融资手段,满足其融资需求。对于以旅游为支柱产业的地区,证券公司要积极利用当地生态优势,与地方政府展开合作,整合文旅、地产、环保等产业资源,帮助地方申报并建设特色旅游小镇,建立可持续发展的"造血"机制。

期货交易所支持符合条件的地区开展"保险+期货"试点,研究上市具有地区特色的期货产品,支持符合条件的涉农仓储企业申请设立交割仓库,为涉农主体提供合作套保等专业化服务,帮助贫困地区利用期货市场对农产品实现套期保值。在贷款抵押物方面，对于扶贫龙头企业、农民专业合作社的生产贷款，探索以自身财产抵押、龙头企业联保、担保机构担保等方式贷款。

四 社会扶贫：引导全民参与

在"互联网+"背景下，着力创新"互联网+社会扶贫"模式，激发社会扶贫蕴藏的无穷潜力。积极引导"大数据+社会扶贫""物流业+社会扶贫"以及"科技创新+社会扶贫"模式，加快社会扶贫工作步伐。

"大数据+社会扶贫"实现产品精准营销。在"互联网+大数据"时代，网络营销改变了传统的营销模式。为解决贫困地区传统品牌营销效果差、网络流量质量差、转化低以及媒介环境复杂等问题，出现了类似于小云营销、京东、拉米拉等一些专注于互联网精准营销的公司，这些企业致力于互联网智能创新营销软件的开发及应用服务，以解决众多电商企业网络销售落地问题。精准营销公司可实现精准营销的流程：企业主通过对自有推广载体（落地页、官网、APP、小程序等）授权，针对再营销技术服务进行浏览确权，以及对移动互联网下用户的兴趣标签、行为痕迹等数据进行检测分析，从而锁定意向客户，并提供电话、短信、微信等主动触达方式，实现产品初次营销以及对回头客户再营销。

"物流业+社会扶贫"保证产品销售渠道畅通。网络营销的发展必须以基础雄厚的物流业作为基础。农产品尤其是生鲜产品对储存和运输的要求比较高，其保质期短，需要保鲜、冷藏、冷冻，因此，亟待发展主体多元化、服务全面化的规模化电商物流，促进电商在贫困地区的发展。具体来讲，应着力打造自营物流配送模式、第三方物流配送模式、联盟物流配送模式、第四方物流模式、"自营物流+第三方物流配送"等多种物流模式，推动物流管理的全覆盖；企业主体应从快递、邮政、运输、仓储等行业向生产、加工、包装等行业扩展，加快物流与生产行业渗透融合；在服务空间分布上，加快推进同城、异地、全国、跨境等多种物流类型，服务时限上实现一、二线城市"限时达""当日递"，在一些偏远的贫困地区，例如新疆三地州、西藏等地也可以实现48小时送达，提升农户获得生计资产的能力。

"科技创新+社会扶贫"推动农户享受技术红利。除在电商平台营销之外，科技创新也成为电商企业社会扶贫的重要路径。作为国内最大的电商平台京东集团，运用科技创新成果，首创无人机、无人仓、无人卡车等助力社会扶贫。2018年3月，京东无人机在河北平石头村首次载货试飞成功，将该村大量滞销的优质野生核桃运出大山。未来京东无人机将会进一步借助京东强大的产业链，实现产品"上行"的品牌化、产业化，打造无人机扶贫示范基地，同时应大力推进京东无人机在贫困地区实现常态化运营，实现偏远贫困落后地区货物极速配送，通过科技实力消除偏远地区的物流盲区。

五 绿色扶贫：生态与绿色"双赢"

将绿色发展的理念贯穿于国家重点生态功能区农户可持续生计安全能力提升的全部过程中，是增强国家重点生态功能区生态服务功能、构建国家生态安全屏障的同时实现农户可持续生计安全的关键。

（一）完善生态补偿制度，实现生态保护与扶贫开发同步发展

生态补偿制度是提升国家重点生态功能区农户可持续生计安全能力的关键，未来仍需通过顶层设计完善生态补偿制度。

1. 构建多元化生态保护补偿机制

从建立长效生态补偿资金来源与扩大生态保护补偿范围两个方面着手，构建多元化生态保护补偿机制。

完善国家重点生态功能区生态补偿资金稳定投入机制。不断拓宽生态补偿资金筹措渠道，形成生态补偿资金投资主体以政府为主体，企业、各类产业基金、社会公众及国外投资主体共同参与的投资格局，创新国家重点生态功能区生态保护补偿方式。不断完善森林资源、草原资源、自然文化遗产等资源利用收费基金，加强各类资源有偿使用收入的管理。在推进生态保护补偿的同时，改革生态环境损害赔偿制度，形成损害生态环境者对其损害生态环境行为进行补偿的运行机制。同时，完善生态产品市场交易管理体系，发挥市场在生态产品价格形成机制中的作用，保障生态环境保护者在生态产品交易中获得收益。加快建立水权、排污权、碳排放权交易机制，完善资源有偿

使用机制，打破地区壁垒，实现生态补偿跨区域、跨流域实施。同时，探索生态环境保护补偿资金与提升国家重点生态功能区农户可持续生计能力的有效结合方式，依托生态保护提升农户生计能力。加强国家重点生态功能区生态补偿配套机制建设，建立森林、海洋、草原、耕地等生态能力监测体系，打造全方位国家重点生态功能区生态环境监控点位布局和自动监控网络体系，建立国家重点生态功能区生态环境保护信息发布机制。以生态环境保护效果为依据进行生态补偿资金分配，通过完善生态补偿资金使用监督机制，加强资金使用的监督管理，确保生态补偿资金发挥促进生态功能及农户可持续生计安全能力提升的作用。

2. 建立生态保护补偿标准体系

建立分区域、分类别具有针对性的多元生态补偿标准体系。要充分考虑不同类型国家重点生态功能区承担的生态功能差异，以及森林资源、水资源、海洋资源等自然资源利用成本的差异与碳排放量等环境成本差异，对不同区域、不同类别的经济行为实行不同的补偿标准。围绕建立环境保护者和经济受益者良性互动机制，树立"优质高价、分类补偿"补偿标准体系的目标，划定并严守不同生态功能区生态保护红线，开展先行先试的政策试点工作，在国家重点生态功能区生态补偿机制建立中率先示范，使之能为其他地区或流域推进生态补偿提供重要经验。在深度贫困地区、国家重点生态功能区及禁止开发区域地理空间高度重叠的地区，更要通过制定合理、科学的补偿标准，达到改善农户生计状况、提升可持续生计安全能力的目的。

（二）以提升农户生计资本为重点，打造禁止开发区域生计保障屏障

建立适应农户可持续生计资本的不同水平、立足各类农户主体自身优势和特色的多元化生计策略方式，要充分发挥财政转移支付对提升农户金融资本的优势，以及资产收益扶持制度对实现农户生计可持续的优势，把异地搬迁作为恢复生态服务功能的重要举措，扩展国家重点生态功能区农户生计策略来源渠道，围绕保护生态资源打造禁止开发区农户可持续生计能力安全保障屏障。

首先，不断加大国家财政支持力度，提升国家重点生态功能区内农户生计安全能力。以提升生态服务功能和可持续生计安全能力为目标，以国家财政转移支付与资产收益扶持制度为途径，着力推动国家重点生态功能区禁止开发区域农户生计策略向可持续、多元化的方向发展。完善国家重点生态功能区资产收益扶持制度。第一，实施经济林等生态建设项目，将固定的林区面积划分给确定的护林员进行管理，增加生态环境保护就业机会，使其从事于生态环境保护获得收入，增加金融资本；第二，对从事生态保护的农户进行定期的专业化培训，提升农户专业护林技术，实现增强可持续生计安全能力与提升生态服务功能的目标。此外，对农户所拥有的生产要素进行资本化，将财政资金转化为股本，参与到企业、合作社等现代经营主体，使农户获得分红、就业及产品回购收益，也能够通过增加农户的生计资本，提升生计能力。

其次，加快异地搬迁建设进程，营造良好的生态功能恢复环境。异地搬迁可通过加强国家重点生态功能区内农户的物质资本，提升其生计可持续能力。因此，要以国家异地搬迁政策为主导，以改善住房条件为重点，充分发挥移民在发展经济和保护环境中的积极作用，按照提升农户可持续生计安全能力的要求转变国家重点生态功能区易地移民的生产经营方式，确保生态资源匮乏地区农户的生计安全，并完善新迁入地医疗、教育、社会保障等相关基本公共服务体系，来保障农户生计的可持续性。

（三）充分利用生态资源使用价值，加强限制开发区域生态服务功能

重视生态产品价值，是实现绿色发展的关键。对于生态植被保存较完好的生态功能区，通过合理开发生态资源市场价值，打造绿色产业体系，延长农产品价值链，以生态服务消费市场为支撑，在达到保护生态环境目的的同时，提升该区域农户的可持续生计能力。具体应尝试引入现代化生产装备，建设生产车间，对农产品进行加工，提升农产品附加值，通过农产品的采摘、筛选、清洗、榨取、提炼、配置成品等一系列加工过程，制成饮品、果汁、果酱等加工食品，延长农

产品储存时间，扩大农产品销售市场。同时，设置专门研究部门、制造部门与包装部门，做精、做细特色农业产业，通过科学技术，实现农产品充分利用，增加农产品附加值，促进生态优势向发展优势的转变；开发生态资源利用价值，依托乡村旅游实现乡村振兴，建立集旅游、休闲、度假、养老、运动、娱乐于一体的产业体系，推动农业与旅游业产业融合，为乡村经济的绿色发展带来新的机遇，实现国家重点生态功能区经济发展和绿色环境保护的"双赢"。

附　　录

附表1　浑善达克沙漠化防治生态功能区禁止开发区域名录

名称	行政区域	面积（公顷）
自然保护区		
达里诺尔国家级自然保护区	克什克腾旗	119413.6
白音敖包国家级自然保护区	克什克腾旗	13862
塞罕坝国家级自然保护区	围场满族蒙古族自治县	20029.8
滦河上游国家级自然保护区	围场满族蒙古族自治县	50637.4
红松洼国家级自然保护区	围场满族蒙古族自治县	7970
森林公园		
黄岗梁国家级森林公园	克什克腾旗	103333
桦木沟国家级森林公园	克什克腾旗	40000
滦河源国家级森林公园	多伦县	12667
塞罕坝国家级森林公园	围场满族蒙古族自治县	94000
木兰围场国家级森林公园	围场满族蒙古族自治县	5351
丰宁满族自治县国家级森林公园	丰宁满族自治县	8839
地质公园		
克什克腾世界地质公园	克什克腾旗	500000

附表2　甘南黄河重要水源补给生态功能区禁止开发区域名录

名称	行政区域	面积（公顷）
自然保护区		
甘肃省太子山国家级自然保护区	康乐县、和政县、临夏县	84700
甘肃尕海则岔国家自然保护区	碌曲县	247431

续表

名称	行政区域	面积（公顷）
甘肃莲花山国家自然保护区	康乐县、临潭区、卓尼县、临洮县、渭源县交界处	11691
甘肃洮河自然保护区	卓尼县、合作市	287759
甘肃黄河首曲自然保护区	玛曲县	203401
甘肃玛曲青藏高原土著鱼类	玛曲县	27416
森林公园		
松鸣岩国家森林公园	和政县	2666
冶力关国家森林公园	临潭县	79400
大峪国家森林公园	卓尼县	27625

附表3　秦巴生物多样性生态功能区禁止开发区域名录

省份	名称	行政区域	面积（公顷）
自然保护区、保护小区			
湖北	赛武当国家级自然保护区	十堰市	21203
湖北	青龙山恐龙化石群国家级自然保护区	郧县	205
湖北	神农架国家级自然保护区	神农架林区	70467
湖北	堵河源国家级自然保护区	竹山县	48452
湖北	十八里长峡省级自然保护区	竹溪县	30459
湖北	万江河大鲵省级自然保护区	竹溪县	780
湖北	丹江口库区省级自然保护区	丹江口市	45103
湖北	武当山县级自然保护区	丹江口市	79523
湖北	五朵峰省级自然保护区	丹江口市	20422.3
湖北	保康野生蜡梅县级自然保护区	保康县	2800
湖北	鹫峰市级自然保护区	保康县	134
湖北	五道峡省级自然保护区	保康县	23816
湖北	保康红豆杉市级自然保护区	保康县	4000
湖北	刺滩沟市级自然保护区	保康县	800
湖北	官山自然保护小区	保康县	400
湖北	欧店自然保护小区	保康县	900
湖北	七里扁蜡梅自然保护区	保康县	567

续表

省份	名称	行政区域	面积（公顷）
湖北	九路寨自然保护小区	保康县	408
湖北	大九湖湿地县级自然保护区	神农架林区	5083
湖北	红萍画廊县级自然保护区	神农架林区	1033
湖北	红岩岭县级自然保护区	神农架林区	333
湖北	将军寨县级自然保护区	神农架林区	634
湖北	刘享寨县级自然保护区	神农架林区	1634
湖北	杉树坪县级自然保护区	神农架林区	100
湖北	神农架摩天岭县级自然保护区	神农架林区	66
湖北	燕子垭县级自然保护区	神农架林区	3333
湖北	五龙河生计自然保护区	郧西县	15121
湖北	伏山自然保护小区	郧县	500
湖北	七里山市级自然保护区	南漳县	807
湖北	金牛洞市级保护区	南漳县	7000
湖北	香水河市级自然保护区	南漳县	11000
湖北	湖北漳河省级自然保护区	南漳县	10265.6
湖北	野人谷省级自然保护区	房县	36982
重庆	大巴山国家级自然保护区	城口县	136017
重庆	阴条岭国家级自然保护区	巫溪县	22423
四川	米仓山国家级自然保护区	旺苍县	23400
四川	唐家河国家级自然保护区	青川县	40000
四川	花萼山国家级自然保护区	万源市	48203
四川	大小水沟市级自然保护区	青川县	4067
四川	东阳沟省级自然保护区	青川县	30760
四川	毛寨省级自然保护区	青川县	14150
四川	诺水河省级自然保护区	通江县	63000
四川	诺水河大鲵省级自然保护区	通江县	9480
四川	五台山猕猴省级自然保护区	通江县	27900
四川	大小蓝沟省级自然保护区	南江县	40155
四川	贾阁山县级自然保护区	平吕县	1630
四川	周至国家级自然保护区	周至县	56393

续表

省份	名称	行政区域	面积（公顷）
陕西	太白山国家级自然保护区	太白、眉县	56325
陕西	汉中朱鹮国家级自然保护区	洋县、城固县	37549
陕西	长青国家级自然保护区	洋县	29906
陕西	青木川国家级自然保护区	宁强县	10200
陕西	桑园国家级自然保护区	留坝县	13806
陕西	佛坪国家级自然保护区	佛坪县	29240
陕西	天华山国家级自然保护区	宁陕县	25485
陕西	化龙山国家级自然保护区	镇坪县、平利县	27103
陕西	牛背梁国家级自然保护区	柞水县、长安县	16418
陕西	米仓山国家级自然保护区	西乡县	34192
陕西	屋梁山国家级自然保护区	凤县	13684
陕西	紫柏山国家级自然保护区	凤县	17472
陕西	太白湑水河省级自然保护区	太白县	5343
陕西	老县城省级自然保护区	周至县	11742.5
陕西	周至黑河湿地省级自然保护区	周至县	13125.5
陕西	宝峰山省级自然保护区	略阳县	29485
陕西	略阳大鲵省级自然保护区	略阳县	5600
陕西	留坝摩天岭省级自然保护区	留坝县	8520
陕西	佛坪观音山省级自然保护区	佛坪县	13534
陕西	瀛湖湿地省级自然保护区	安康县	19800
陕西	鹰嘴石省级自然保护区	镇安县	11462
陕西	东秦岭地质剖面省级自然保护区	柞水县、镇安县、周至县	25
陕西	牛尾河省级自然保护区	太白县	13492
陕西	黄柏塬省级自然保护区	太白县	21865
陕西	平河梁省级自然保护区	宁陕县	21152
陕西	皇冠山省级自然保护区	宁陕县	12372
甘肃	白水江国家级自然保护区	文县	183799
甘肃	嘉陵江两当段特有鱼类水产种质国家级自然保护区	两当县	8607.6

续表

省份	名称	行政区域	面积（公顷）
甘肃	小陇山国家级自然保护区	两当县、徽县	31938
甘肃	裕河金丝猴省级自然保护区	武都区	74944
甘肃	尖山省级自然保护区	文县	10040
甘肃	龙神沟县级自然保护区	康县	100
甘肃	康县大鲵省级自然保护区	康县	10247
甘肃	黑河省级自然保护区	两当县	3495
甘肃	两当县灵官峡县级自然保护区	两当县	2973
甘肃	插岗梁省级自然保护区	舟曲县	114361
甘肃	博峪省级自然保护区	舟曲县	61547
甘肃	多儿省级自然保护区	文县	55275
甘肃	白龙江阿夏省级自然保护区	迭部县	135536
甘肃	文县大鲵省级自然保护区	文县	13579
	森林公园		
湖北	偏头山国家森林公园	竹溪县	3131.65
湖北	九女峰国家森林公园	竹山县	3527
湖北	房县诗经源国家森林公园	房县	8280
湖北	神农架国家森林公园	神农架林区	13333.33
湖北	沧浪山国家森林公园	郧县	7466.7
湖北	九重山国家森林公园	城口县	10089
湖北	红池坝国家森林公园	巫溪县	24200
湖北	九重山国家森林公园	城口县	10089
四川	米仓县国家森林公园	南江县	40155
四川	空山国家森林公园	通江县	11511
陕西	五龙洞国家森林公园	略阳县	5800
陕西	通天河国家森林公园	凤县	5235
陕西	天台山国家森林公园	凤县	8100
陕西	南宫山国家森林公园	岚皋县	3100
陕西	木王国家森林公园	镇安县	3616
陕西	鬼谷岭国家森林公园	石泉县	5135
陕西	千家坪国家森林公园	平利县	2145

续表

省份	名称	行政区域	面积（公顷）
陕西	上坝河国家森林公园	宁陕县	4526
陕西	黑河国家森林公园	周至县	7462.2
陕西	楼观台国家森林公园	周至县	27487
陕西	天华山国家森林公园	宁陕县	6000
陕西	牛背梁国家森林公园	柞水县	2123.7
陕西	紫柏山国家森林公园	凤县	4662
陕西	黎坪国家级森林公园	南郑县	9400
甘肃	官鹅沟国家森林公园	宕昌县	41996.1
甘肃	文县天池国家森林公园	文县	14338
甘肃	大峡沟国家森林公园	舟曲县	4070
甘肃	腊子口国家森林公园	迭部县	27896.9
甘肃	沙滩国家森林公园	舟曲县	17415
湿地公园			
湖北	圣水湖国家湿地公园	竹山县	3255.2
湖北	神农架大九湖国家湿地公园	神农架林区	5083
国家级风景名胜区			
湖北	武当山国家级风景名胜区	丹江口市	312
四川	光雾山国家级风景名胜区	南江县	52500
四川	诺水河国家级风景名胜区	通江县	52500
四川	白龙湖国家级风景名胜区	青川县	416.3
地质公园			
湖北	湖北青龙山国家地质公园	郧县	576.7
四川	八台山—龙潭河国家地质公园	万源市	11000

附表4　国家重点生态功能区样本区域类型与发展方向

区域	类型	综合评价	发展方向
甘南黄河重要水源补给生态功能区	水源涵养	青藏高原东端面积最大的高原沼泽泥炭湿地，在维系黄河流域水资源和生态安全方面有重要作用。目前草原退化沙化严重，森林和湿地面积锐减，水土流失加剧，生态环境恶化	加强天然林、湿地和高原野生动植物保护，实施退牧还草、退耕还林还草、牧民定居和生态移民

续表

区域	类型	综合评价	发展方向
黄土高原丘陵沟壑水土保持生态功能区	水土保持	黄土堆积深厚、范围广大，土地沙漠化敏感程度高，对黄河中下游生态安全具有重要作用。目前坡面土壤侵蚀和沟道侵蚀严重，侵蚀产沙易淤积河道、水库	控制开发强度，以小流域为单元综合治理水土流失，建设淤地坝
浑善达克沙漠化防治生态功能区	防风固沙	以固定、半固定沙丘为主，干旱频发，多大风天气，是北京乃至华北地区沙尘的主要来源地。目前土地沙化严重，干旱缺水，对华北地区生态安全构成威胁	采取植物和工程措施，加强综合治理
秦巴生物多样性生态功能区	生物多样性	包括秦岭、大巴山、神农架等亚热带北部和亚热带—暖温带过渡的地带，生物多样性丰富，是许多珍稀动植物的分布区。目前水土流失和地质灾害问题突出，生物多样性受到威胁	减少林木采伐，恢复山地植被，保护野生物种

附表5　　　　国家重点生态功能区样本区域基本状况

区域	范围	面积（平方千米）	人口（万人）
甘南黄河重要水源补给生态功能区	甘肃省：合作市、临潭县、卓尼县、玛曲县、碌曲县、夏河县、临夏县、和政县、康乐县、积石山保安族东乡族撒拉族自治县	33827	155.5

续表

区域	范围	面积（平方千米）	人口（万人）
黄土高原丘陵沟壑水土保持生态功能区	山西省：五寨县、岢岚县、河曲县、保德县、偏关县、吉县、乡宁县、蒲县、大宁县、永和县、隰县、中阳县、兴县、临县、柳林县、石楼县、汾西县、神池县 陕西省：子长县、安塞县、志丹县、吴起县、绥德县、米脂县、佳县、吴堡县、清涧县、子洲县 甘肃省：庆城县、环县、华池县、镇原县、庄浪县、静宁县、张家川回族自治县、通渭县、会宁县 宁夏回族自治区：彭阳县、泾源县、隆德县、盐池县、同心县、西吉县、海原县、红寺堡区	112050.5	1085.6
浑善达克沙漠化防治生态功能区	河北省：围场满族蒙古族自治县、丰宁满族自治县、沽源县、张北县、尚义县、康保县 内蒙古自治区：克什克腾旗、多伦县、正镶白旗、正蓝旗、太仆寺旗、镶黄旗、阿巴嘎旗、苏尼特左旗、苏尼特右旗	168048	288.1
秦巴生物多样性生态功能区	湖北省：竹溪县、竹山县、房县、丹江口市、神农架林区、郧西县、郧县、保康县、南漳县 重庆市：巫溪县、城口县 四川省：旺苍县、青川县、通江县、南江县、万源市 陕西省：凤县、太白县、洋县、勉县、宁强县、略阳县、镇巴县、留坝县、佛坪县、宁陕县、紫阳县、岚皋县、镇坪县、镇安县、柞水县、旬阳县、平利县、白河县、周至县、南郑县、西乡县、石泉县、汉阴县 甘肃省：康县、两当县、迭部县、舟曲县、武都区、宕昌县、文县	140004.5	1500.4

参考文献

国家林业局：《秦巴生物多样性生态功能区生态保护与建设规划（2013—2020年）》，2013年12月。

国务院：《关于印发全国主体功能区规划的通知》，2011年6月。

何芬、赵燕霞：《美日促进集中连片特困地区减贫的经验借鉴》，《世界地理研究》2015年第4期。

何仁伟、刘邵权、陈国阶等：《中国农户可持续生计研究进展及趋向》，《地理科学进展》2013年第4期。

侯成成、赵雪雁、张丽等：《生态补偿对区域发展的影响——以甘南黄河水源补给区为例》，《自然资源学报》2012年第1期。

侯成成、赵雪雁、张丽等：《基于熵组合权重属性识别模型的草原生态安全评价——以甘南黄河水源补给区为例》，《干旱区资源与环境》2012年第8期。

黄妮、刘殿伟、王宗明：《辽河中下游流域生态安全评价》，《资源科学》2008年第8期。

嵇萍、高志球、高吉喜等：《防风固沙生态功能区生态修复适宜物种的评价指标》，《江苏农业科学》2016年第4期。

江鑫、颜廷武：《基于EKC的连片特困地区经济发展与生态环境协调关系分析——以云南省昭通市为例》，《经济社会体制比较》2016年第3期。

蒋辉、蒋和平：《国外对欠发达地区农业发展的扶持：日本经验与启示》，《世界农业》2013年第12期。

黎洁、李树茁、费尔德曼：《山区农户林业相关生计活动类型及影响因素》，《中国人口·资源与环境》2010年第8期。

黎洁、李树茁：《基于态度和认知的西部水源地农村居民类型与生态补偿接受意愿——以西安市周至县为例》，《资源科学》2010年第8期。

黎洁：《西部贫困山区农户的采药行为分析——以西安周至县为例》，《资源科学》2011年第6期。

李鹤、张平宇、程叶青：《脆弱性的概念及其评价方法》，《地理科学进展》2008年第2期。

李树茁、梁义成等：《退耕还林政策对农户生计的影响研究——基于家庭结构视角的可持续生计分析》，《公共管理学报》2010年第2期。

刘兵、李媛、许刚：《开发区人才聚集与区域经济发展协同机制研究》，《中国软科学》2010年第12期。

刘传明、张义贵、刘杰等：《城市综合交通可达性演变及其与经济发展协调度分析——基于"八五"以来淮安市的实证研究》，《经济地理》2011年第12期。

刘晶、敖浩翔、张明举：《重庆市北碚区经济、社会和资源环境协调度分析》，《长江流域资源与环境》2007年第2期。

刘树林、王涛：《浑善达克沙地的土地沙漠化过程研究》，《中国沙漠》2007年第5期。

聂春霞、何伦志、甘昶春：《城市经济、环境与社会协调发展评价——以西北五省会城市为例》，《干旱区地理》2012年第3期。

裴浩、张世源、敖艳青：《浑善达克沙地气候特征及其气候变化分析》，《气象科技》2005年第1期。

彭珂珊：《黄土高原地区水土流失特点和治理阶段及其思路研究》，《首都师范大学学报》（自然科学版）2013年第5期。

环境保护部、中国科学院：《全国生态功能区划》，《中国环境报》2015年12月1日第6版。

桑秋、张平宇、苏飞等：《20世纪90年代以来沈阳市人口、经济、空间与环境的协调度分析》，《中国人口·资源与环境》2008年第2期。

申陆、田美荣、高吉喜等：《浑善达克沙漠化防治生态功能区防风固沙功能的时空变化及驱动力》，《应用生态学报》2016年第1期。

沈茂英、杨萍：《生态扶贫内涵及其运行模式研究》，《农村经济》2016年第7期。

石育中、杨新军、王婷：《陕南秦巴山区可持续生计安全评价及其鲁棒性分析》，《地理研究》2016年第12期。

苏冰涛、李松柏：《可持续生计分析框架下秦巴山区"生态贫民"生计范式转变研究》，《农村经济》2014年第1期。

汤青、徐勇、李扬：《黄土高原农户可持续生计评估及未来生计策略——基于陕西延安市和宁夏固原市1076户农户调查》，《地理科学进展》2013年第2期。

田亚平、向清成、王鹏：《区域人地耦合系统脆弱性及其评价指标体系》，《地理研究》2013年第1期。

王成超、杨玉盛：《生态补偿方式对农户可持续生计影响分析》，《亚热带资源与环境学报》2013年第4期。

王文浩：《甘南黄河重要水源补给生态功能区生态环境问题成因分析及改善对策》，《生态经济》（学术版）2009年第2期。

吴孔森、杨新军、尹莎：《环境变化影响下农户生计选择与可持续性研究——以民勤绿洲社区为例》，《经济地理》2016年第9期。

谢旭轩、马训舟、张世秋：《应用匹配倍差法评估退耕还林政策对农户收入的影响》，《北京大学学报》（自然科学版）2011年第4期。

新华社：《美丽中国新图景——党的十八大以来历史性变革系列述评之六》2017年10月。

薛曜祖、毕洁颖、包盛：《金融支持、扶贫效率与区域优化——基于中国31个省区市面板数据的实证分析》，《华东经济管理》2019年第6期。

薛曜祖、包盛、毕洁颖：《国际组织金融扶贫创新的经验及启示》，《金融与经济》2018年第8期。

薛曜祖：《吕梁山集中连片特困地区科技扶贫的实施效果分析》，《中国农业大学学报》2018 年第 5 期。

薛曜祖:《文化减贫是精准扶贫助推器》,《中国社会科学报》2019 年 3 月 26 日。

杨云彦、赵锋:《可持续生计分析框架下农户生计资本的调查与分析——以南水北调(中线)工程库区为例》,《农业经济问题》 2009 年第 3 期。

袁博、刘凤朝:《科技创新能力与城镇化水平协同发展研究——以我国东部地区为例》,《大连理工大学学报》(社会科学版)2014 年第 2 期。

翟俊:《秦巴生物多样性生态功能区生态系统与服务功能变化监测与评估》,载中国环境科学学会《2017 中国环境科学学会科学与技术年会论文集》(第三卷),2017 年。

赵哈林、赵学勇、张铜会等:《北方农牧交错带的地理界定及其生态问题》,《地球科学进展》2002 年第 5 期。

赵靖伟:《农户生计安全评价指标体系的构建》,《社会科学家》2011 年第 5 期。

赵文亮、丁志伟、张改素等:《中原经济区经济—社会—资源环境耦合协调研究》,《河南大学学报》(自然科学版)2014 年第 6 期。

赵雪雁、路慧玲、刘霜等:《甘南黄河水源补给区生态补偿农户参与意愿分析》,《中国人口·资源与环境》2012 年第 4 期。

中国科学院黄土高原综合科学考察队:《黄土高原地区综合治理与开发》,中国科学技术出版社 1989 年版。

周成、冯学钢、唐睿:《区域经济—生态环境—旅游产业耦合协调发展分析与预测——以长江经济带沿线各省市为例》,《经济地理》 2016 年第 3 期。

Adams R. and Page J. , "The Impact of International Migration and Remittances on Poverty", Paper prepared for DFID/ World Bank Conference on Migrant Remittances, World Bank: Poverty Reduction Group, August, 2003, pp. 9 – 10.

Adriansen H. , "Continuity and Change in Pastoral Livelihoods of Senegalese Fulani", *Agriculture & Human Values*, No. 23, February 2006, pp. 215 – 229.

Ahmed S. A. and Rajan R. K., "Exploration of Vary Silk Biodiversity in North Eastern Region of India: Sustainable Livelihood and Poverty Alleviation", *International Conference on Management, Economics and Social Sciences*, December 2011, pp. 98 – 123.

Allison E. H. and Ellis F., "The Livelihoods Approach and Management of Small – scale Fisheries", *Marine Policy*, No. 25, May 2001, pp. 377 – 388.

Animato C., *Sustainable Livelihoods: Lessons from Early Experience*, Department for International Development UK, 1999, pp. 226 – 227.

Appadurai A., ed., *Modernity at Large: Cultural Dimensions of Globalization*, Minneapolis, MN: University of Minnesota Press, 1996.

Athalya B. and Yee G. A., "Capitals and Capabilities: A Framework for Analyzing Peasant Viability, Rural Livelihoods and Poverty", *World Development*, No. 27, December 1999, pp. 2021 – 2044.

Barrett C. B., Reardon T. and Webb P., "Nonfarm Income Diversification and Household Livelihood Strategies in Rural Africa: Concepts, Dynamics and Policy Implications", *Food Policy*, No. 26, April 2001, pp. 315 – 331.

Barrett C., *On Vulnerability, Asset Poverty and Subsidiary*, Comments to the Ford/Rockefeller Foundations Seminar Series "Managing Vulnerability and Shocks within the Agro – food System", New York, NY, USA, 1999.

Batterbury S. and Andrew W., "The African Sahel 25 Years after the Great Drought: Assessing Progress and Moving Towards new Agendas and Approaches", *Global Environmental Change*, No. 11, January 2001, pp. 1 – 8.

Batterbury S. and Forsyth T., "Fighting Back: Human Adaptations in Marginal Environments", *Environment*, No. 41, June 1999, pp. 6 – 9.

Baumann P. and Sinha S. , "Linking Development with Democratic Processes in India", *Political Capital and Sustainable Livelihoods Analysis*, No. 68, June 2001, pp. 2 – 4.

Baumann P. , *Sustainable Livelihoods and Political Capital: Arguments and Evidence from Decentralization and Natural Resource Management in India*, London: Overseas Development Institute, No. 3. February 2000, pp. 30 – 44.

Baumgartner R. , Högger R. and Baumgartner R. et al. , "In Search of Sustainable Livelihood Systems: Managing Resources and Change", *Institute for Social and Economic Change*, November 2009, pp. 112.

Bebbington A. J. and Batterbury S. P. J. , "Transnational Livelihoods and Landscapes: Political Ecologies of Globalization", *Journal of Environment, Culture, Meaning*, No. 4, August 2001, pp. 369 – 464.

Bhattacharya A. and Teotia R. S. , "Conservation Strategies of Wild Silk Moths in the North – Eastern Region of India", *International Journal of Wild Silk Moths Silk*, No. 5, April 2008, pp. 311 – 313.

Brien K. O. , Quinlan T. and Ziervogel G. , "Vulnerability Interventions in the Context of Multiple Stressors: Lessons from the Southern Africa Vulnerability Initiative (SAVI)", *Environmental Science & Policy*, No. 12, January 2009, pp. 23 – 32.

Brock K. and Coulibaly N. , *Sustainable Rural Livelihoods in Mali*, IDS Research Report, 1999, pp. 35.

Bryceson D. F. , *Urban Livelihoods: A People – centered Approach to Reducing Poverty* (Book Review), Urban Livelihoods, 2002.

Cannon T. , Twigg J. and Rowell J. , *Social Vulnerability, Sustainable Livelihoods and Disasters*, Report to DFID Conflict and Humanitarian Assistance Department (CHAD) and Sustainable Livelihoods Support Office, Livelihoods and Institutions Group Natural Resources Institute, London: University of Greenwich, 2003.

Carney D. , Drinkwater M. and Rusinow T. et al. , *Livelihood Approaches*

Compared: *A Brief Comparison of the Livelihoods Approaches of the UK Department for International Development* (DFID), CARE, Oxfam and the UNDP, 1999.

Carney D., *Implementing a Sustainable Livelihood Approach*, London: Department for International Development, 1998, pp. 52 – 69.

Carney D., *Sustainable Rural Livelihoods: What Contribution can We Make?* Papers Presented at the Natural Resources Advisers' Conference, 1998.

Carney D., *Sustainable Livelihoods Approaches: Progress and Possibilities for Change*, London: DFID, 2003.

Chambers R. and Conway G., "Sustainable Rural Livelihoods: Practical Concepts for the 21st Century", *Brighton, Institute of Development Studies*, February 1992, pp. 296.

Chambers R., "Poverty and Livelihoods: Whose Reality Counts?", *Environment and Urbanization*, No. 1, July 1995, pp. 173 – 204.

Chambers R., "Editorial Introduction: Vulnerability, Coping and Policy", *Institute of Development Studies Bulletin*, No. 37, April 2006, pp. 33 – 40.

Chambers R., *Rural Development: Putting the Last First*, London: Longman, 1983.

Chambers R., "Sustainable Rural Livelihoods: A Strategy for People, Environment and Development", *Earthscan*, No. 23, February 1988, pp. 19 – 36.

Chaudhuri S., Jalan J. and Suryahadi A., "Assessing Household Vulnerability to Poverty from Cross – sectional Data: A Methodology and Estimates from Indonesia", *Discussion Papers*, No. 85, March 2002, pp. 1 – 35.

Chaudhuri S. and Datt G., "*Assessing Household Vulnerability to Poverty: A Methodology and Estimates for the Philippines*", Washington D. C.: World Bank, 2001.

Chen H. , Shivakoti G. and Zhu T. et al. , "Livelihood Sustainability and Community Based Co‐management of Forest Resources in China: Changes and Improvement", *Environmental Management*, No. 49, January 2006, pp. 219 – 228.

Clark W. C. and Dickson N. M. , "Sustainability Science: The Emerging Research Program", *PNAS*, No. 14, February 2003, pp. 8059 – 8061.

Clark W. C. , Corell R. and Kasperson R. et al. , "Assessing Vulnerability to Global Environmental Risks", *Fondazione Enrico Mattei*, No. 7, April 2000, pp. 65 – 86.

Clarke J. and Carney D. , *Sustainable Livelihoods Approaches: What have We Learned?* Background paper, ESRC Livelihoods Seminar, Livelihoods Connect, IDS: Brighton, 2008.

Clements T. , Suon S. and Wilkie D. S. et al. , "Impacts of Protected Areas on Local Livelihoods in Cambodia", *World Development*, No. 64, February 2014, pp. S125 – S134.

Collins A. E. , "Disaster and Development", *Disaster Prevention and Management: An International Journal*, No. 19, April 2010, pp. 517 – 518.

Conway T. and Turk C. , *Addressing Vulnerability and Providing Social Protection: Localizing IDTs for Poverty Reduction in Vietnam*, Hanoi, VN, 2001.

Dalal‐Clayton D. B. , Dent D. and Dubois O. , "Rural Planning in Developing Countries: Supporting Natural Resource Management and Sustainable Livelihoods", *Journal of Rural Studies*, No. 20, March 2002, pp. 373 – 374.

Daly H. E. and Cobb C. W. , eds. , *For the Common Good: Redirecting the Economy toward Community, the Environment and a Sustainable Future*, Boston Massachusetts Beacon Press, 2017, pp. 346 – 347.

Ellis F. , *Rural Livelihoods and Diversity in Developing Countries*, OUP Catalogue, 2000.

Ellison M. and White S. , *Wellbeing, Livelihoods and Resources in Social Practice*, Cambridge University Press, 2006.

Faber N. , René Jorna and Engelen J. V. , "A Study into the Conceptual Foundations of the Notion of 'Sustainability'", *Journal of Environmental Assessment Policy and Management*, No. 7, January 2005, pp. 1 – 33.

Francis E. , "Making a Living: Changing Livelihoods in Rural Africa", *African Studies Review*, No. 44, March 2001, pp. 212 – 218.

Frontani H. G. , *Critical Political Ecology: The Politics of Environmental Science*, Southeastern Geographer, 2005.

Frost P. , Campbell B. and Luckert M. et al. , "In Search of Improved Rural Livelihoods in Semi – arid Regions through Local Management of Natural Resources: Lessons from Case Studies in Zimbabwe", *World Development*, No. 35, November 2007, pp. 1961 – 1974.

Giddens A. , ed. , *The Constitution of Society*, University of California Press, 1984.

Haan L. D. and Zoomers A. , "Exploring the Frontier of Livelihoods Research", *Development and Change*, No. 36, January 2005, pp. 27 – 47.

Hatai L. D. and Sen C. , "An Economic Analysis of Agricultural Sustainability in Orissa", *Agricultural Economics Research Review*, No. 21, February 2008, pp. 3880 – 3890.

Hesselberg J. and Yaro J. A. , "An Assessment of the Extent and Causes of Food Insecurity in Northern Ghana Using a Livelihood Vulnerability Framework", *Geo Journal*, No. 67, January 2006, pp. 41 – 55.

Hussein K. , *Livelihoods Approaches Compared: A Multi – agency Review of Current Practice*, London: ODI, 2002.

Keeley J. , "Influencing Policy Processes for Sustainable Livelihoods: Strategies for Change", *Vizier Online Data Catalog*, No. 3, February 2001, pp. 216.

Kumar S., Raizada A. and Biswas H., "Prioritizing Development Planning in the Indian Semiarid Deccan Using Sustainable Livelihood Security Index Approach", *International Journal of Sustainable Development & World Ecology*, No. 21, April 2014, pp. 332 – 345.

Leach M., Mearns R. and Scoones I., "Environmental Entitlements: Dynamics and Institutions in Community – based Natural Resource Management", *World Development*, No. 27, February 1999, pp. 225 – 247.

Leach M., Mearns R. and Scoones I., "Environmental Entitlements: A Framework for Understanding the Institutional Dynamics of Environmental Change", *IDS Discussion Paper*, Vol. 359, January 1997, pp. 1 – 39.

Meyers W. H., "Successes and Failures in Achieving the Goals of the World Food Summit", *Staff General Research Papers Archive*, No. 23, February 2002, pp. 21 – 26.

Missiaen M. B. and Watts M., "Silent Violence: Food, Famine and Peasantry in Northern Nigeria", *American Journal of Agricultural Economics*, No. 66, April 1984, pp. 536.

Mortimore M., ed., *Adapting to Drought, Farmers, Famines and Desertification in West Africa*. Cambridge University Press, 1989.

Murray C. J. L., Development Data Constraints and the Human Development Index. D G, No. 25, May 1991, pp. 172.

Rai, Anil and Sharma S. D. et al., "Development of Livelihood Index for Different Agro – climatic Zones of India", *Agricultural Economics Research Review*, No. 21, February 2008, pp. 173 – 182.

Sadler B., "Sustainable Development and Water Resource Management", *Alternatives*, Vol. 17, No. 3, January 1990, pp. 14 – 24.

Sajjad H., Nasreen I. and Ansari S. A., "Assessing Spatiotemporal Variation in Agricultural Sustainability Using Sustainable Livelihood Security

Index: Empirical Illustration from Vaishali District of Bihar, India", *Journal of Sustainable Agriculture*, No. 38, January 2014, pp. 46 – 68.

Saleth R. M. and Swaminathan M. S., "Sustainable Livelihood Security at the Household Level: Concept and Evaluation Methodology", *Proceedings of an Interdisciplinary Dialogue on Ecotechnology and Rural Employment*, No. 1, December 1993, pp. 105 – 122.

Sanderson D., "Household Livelihood Security in Urban Settlements", *CARE International UK Urban Briefing Notes*, No. 1, December 1999.

Scoones I. and Wolmer W., *Pathways of Change: Crops, Livestock and Livelihoods in Africa. Lessons from Ethiopia, Mali and Zimbabwe*, Final Technical Report, 2000.

Scoones I., "New Ecology and the Social Sciences: What Prospects for a Fruitful Engagement?", *Annual Review of Anthropology*, No. 28, February 1999, pp. 479 – 507.

Scoones I., "Sustainable Rural Livelihoods: A Framework for Analysis", *IDS Working Paper*, January 1998, pp. 72.

Scoones I., "Livelihoods Perspectives and Rural Development", *Journal of Peasant Studies*, No. 36, January 2009, pp. 171 – 196.

Sen A., "Poverty and Famines", *Journal of Economic History*, No. 42, April 1981, pp. 12 – 991.

Shankland A., "Analyzing Policy for Sustainable Livelihoods", *Institute of Development Studies UK*, No. 43, February 2000, pp. 49.

Sharachchandra M., Lélé, "Sustainable Development: A Critical Review", *World Development*, No. 19, June 1991, pp. 607 – 621.

Sillitoe P., ed., *Linking Social and Ecological Systems: Management Practices and Social Mechanisms for Building Resilience*, Cambridge University Press, 1998.

Simon B., "Sustainable Livelihoods: Still Being Sought, Ten Years on. African Environments Programme", *Oxford University Centre for the Envi-*

ronment (OUCE), No. 5, October 2008, pp. 2 - 6.

Singh P. K. and Hiremath B. N. , "Sustainable Livelihood Security Index in a Developing Country: A Tool for Development Planning", *Ecological Indicators*, No. 10, February 2010, pp. 442 - 451.

Solesbury W. , *Sustainable Livelihoods: A Case Study of the Evolution of DFID Policy*, Working Paper, 2003.

Swaminathan M. S. , *Food 2000: Global Policies for Sustainable Agriculture, Report to the World Commission on Environment and Development*, London: Zed Press, 1987.

Swaminathan M. S. , "Greening of the Mind", *Indian Journal of Social Work*, Vol. 52, No. 3, January 1991a, pp. 401 - 407.

Swaminathan M. S. , *From Stockholm to Rio de Janeiro: The Road to Sustainable Agriculture*, MS Swaminathan Research Institution, Madras, India, 1991b.

Tacoli C. , *Rural - urban Linkages and Sustainable Rural Livelihoods*, London: DFID Natural Resources Department, 1998.

Turner B. L. I. , Kasperson R. E. and Matson P. A. et al. , "A Framework for Vulnerability Analysis in Sustainability Science", *Proceedings of the National Academy of Sciences*, No. 100, April 2003, pp. 8074 - 8079.

Wang J. , Brown D. G. and Agrawal A. , "Climate Adaptation, Local Institutions and Rural Livelihoods: A Comparative Study of Herder Communities in Mongolia and Inner Mongolia, China", *Global Environmental Change*, No. 23, June 2013, pp. 1673 - 1683.

Warren A. , Batterbury S. and Osbahr H. , "Soil Erosion in the West African Sahel: A Review and an Application of a 'Local Political Ecology' Approach in South West Niger", *Global Environmental Change*, No. 11, January 2001, pp. 79 - 95.

Warren, A. , "Geography and Conservation: The Application of Ideas about People and Environment", *Horizons in Physical Geography*, Macmillan

Education UK, January 1987, pp. 322 – 336.

Woolcock M., "The Place of Social Capital in Understanding Social and Economic Outcomes", *Isuma*, No. 2, January 2001, pp. 11 – 17.

World Bank, *Regular Economic Report. Part II: Support to Agriculture and Rural Development in the EU*, Washington, D. C.: World Bank, 2007.

World Bank, *World Development Report 1992*, New York: Oxford University Press, 1992.

World Bank, *World Development Report 2000 Attacking Poverty*, Congressional Information Service, 2000.

Yaozu X. and Lei H., "Factors Influencing the Livelihoods of Ecological Migrants in Coal Mined – out Areas in China", *Environment, Development and Sustainability*. No. 15, May 2019, pp. 1853 – 1867.

Yaozu X., "Empirical Research on Household Carbon Emissions Characteristics and Key Impact Factors in Mining Areas", *Journal of Cleaner Production*, No. 256, May 2020, pp. 1 – 9.